广播电视数字新媒体技术

梁骞 编著

内蒙古出版集团
内蒙古科学技术出版社

图书在版编目（CIP）数据

广播电视数字新媒体技术／梁骞编著. —赤峰：
内蒙古科学技术出版社，2015.12（2022.1重印）
ISBN 978-7-5380-2641-2

Ⅰ.①广… Ⅱ.①梁… Ⅲ.①广播电视—数字技术—
多媒体技术—研究 Ⅳ.①TN949.299

中国版本图书馆CIP数据核字（2016）第002701号

出版发行：内蒙古出版集团　内蒙古科学技术出版社
地　　址：赤峰市红山区哈达街南一段4号
邮　　编：024000
邮购电话：（0476）5888903
网　　址：www.nm-kj.cn
责任编辑：马洪利
封面设计：永　胜
印　　刷：三河市华东印刷有限公司
字　　数：135千
开　　本：880×1230　1/32
印　　张：5.375
版　　次：2015年12月第1版
印　　次：2022年1月第3次印刷
定　　价：38.00元

目　录

第一章　广播电视技术基础知识

第一节　广播的诞生

广播诞生于20世纪初，是通过无线电波或导线传送声音的新闻传播工具。通过无线电波传送节目的称无线广播，通过导线传送节目的称有线广播。广播的优势是对象广泛，传播迅速，功能多样，感染力强；短处是一瞬即逝，顺序收听，不能选择，语言不通则收听困难。近百年来，尽管许多新媒体，如电视、互联网等不断兴起，尽管面对着与各种媒体的激烈竞争，但广播一直保持着很高的收听率和生命力。特别是在农村牧区，由于其接收方便的特点受到广大群众的喜爱。

从传输手段来看，广播可分为无线广播和有线广播。无线广播按其声音的调制方式可分为调幅广播和调频广播两大类。所谓调幅广播就是用无线电波幅度的变化来模拟声音的大小。有线广播则是利用电缆或光缆传输广播信号入户的广播方式。

从历史上看，有线广播先于无线广播问世。1893年，匈牙利人西奥多普斯卡把布达佩斯的700多条电话线连接起来，用于播出新闻，这就是有线广播的雏形。1906年美国科学家从实验室用无线电波进行了首次广播，标志着人类利用无线电传送声音信息的开始。随后，广播在美国高速发展，研制出了无线广播的收听设备——收音机。从此，广播发展进入了一个新的纪元。

一、广播的发送原理

广播电台播出节目是首先把声音通过话筒转换成音频电信号，经放大后被高频信号（载波）调制，这时高频载波信号的某一参量随着音频信号作相应的变化，使要传送的音频信号包含在高频载波信号之内，高频信号再经放大，然后高频电流流过天线时，形成无线电波向外发射，无线电波传播速度为 3×10^8 m/s，这种无线电波被收音机天线接收，然后经过放大、解调，还原为音频电信号，送入喇叭音圈中，引起纸盆相应的振动，就可以还原声音，即是声电转换传送——电声转换的过程。广播的发送分三个频段：

中波的频率（高频载波频率）规定为525~1 605kHz（千周）。

短波的频率范围为3 500~18 000kHz。

调频的国际标准频段为87~108MHz的甚高频波段。

二、广播节目的录制

广播节目的录制一般在播音室。播音室是指在声学上经过处理的、供播出和录制广播节目用的专用房间。播音室要求有较好的隔音条件，要有必要的防振设施，以防止固体传声。室内的天花板及墙壁应按照要求的混响时间及扩散声场的指标设置多种不同的吸音材料和扩散体。

根据不同的用途，播音室的面积可分为15~80m²不等。语言播音室的面积一般在30m²以下，混响时间为0.4~0.5s。文艺播音室面积较大，按演员的人数和节目的性质设计不同的面积和不同的混响时间。在利用多声道录音后期加工工艺的演播室中，为了增加每个声道间的分隔能力和保留后期加工的余地，则要求设置强吸声、强扩散的设施, 其混响时间均控制在0.5~1s, 与演员人数和节目性质等无关。

混响室要求为具有较长混响时间和扩散声场的录音专用房间。在录音或录音复制过程中, 为了改善音响效果, 需要利用混响室在声音中人为地增加混响或制造回声。混响时间要求为3~5s或者更长。混响室声扩散性要好, 并做适当隔声、隔振处理。室内可设活动吸声结构, 以改变混响时间。

三、中波广播

最早用于广播的频段是中波频段。中波是指频率为300kHz~3MHz的无线电波, 中波靠地面波和天空波两种方式进行传播。在传播过程中, 地面波和天空波同时存在, 有时会给接收造成困难, 故传输距离不会很远, 一般为几百千米。主要用作近距离本地无线电广播、海上通信、无线电导航及飞机上的通信等。中波能以表面波或天波的形式传播, 这一点和长波一样。但长波穿入电离层极浅, 在电离层的下界面即能反射。中波较长波频率高, 故需要在比较深入的电离层处才能发生反射。波长在3 000~2 000m的无线电通信, 用无线或表面波传播, 接收场强都很稳定, 可用以完成可靠的通信, 如船舶通信与导航等。波长在2 000~200m的中短波主要用于广播, 故此波段又称广播波段。1920年11月世界上第一家中波电台在美国匹兹堡成立。中波广播的诞生, 使广播成为继报纸以后的第二媒体。它以接收简便、覆盖面广、时效性强、内容生动等优点成为大众获取新闻和各种信息的重要媒体, 同时成为大众欣赏音乐和其他文艺节目的主要方式。我国1923年建立了第一家中波广播电台。中华人民共和国成立后, 在党和国家的重视和关怀下, 我国中波广播得到迅速发展。

四、短波广播

短波是指频率为3~30MHz的无线电波。短波的波长短,沿地球表面传播的地波绕射能力差,传播的有效距离短。短波以天波形式传播时,在电离层中所受到的吸收作用小,有利于电离层的反射。经过一次反射可以得到100~4 000km的跳跃距离。经过电离层和大地的几次连续反射,传播的距离更远。无线广播中的短波(SW)频率范围我国规定为2~24MHz,有的收音机又把短波波段划分为短波1(SW1)、短波2(SW2)等。

随着技术的进步和发展国际广播的需要,1928年世界上出现了短波广播电台。第二次世界大战的战时广播加速了短波广播的发展。20世纪50年代后,短波广播因传输距离远更成为美国等国在政治上展开"电波战"的领域。我国于1939年2月在重庆建立了短波广播电台。

五、调频广播

20世纪40年代,人们开始进行调频广播试验。调频广播是以调频方式进行音频信号传输的,调频波的载波随着音频调制信号的变化而在载波中心频率(未调制以前的中心频率)两边变化,每秒钟的频偏变化次数和音频信号的调制频率一致,如音频信号的频率为1kHz,则载波的频偏变化次数为每秒1 000次。频偏的大小是随音频信号的振幅大小而定。在调频发射机中允许将最大频偏限制在75kHz。我国的调频频率规定范围为87~108MHz。由于调频广播的抗干扰能力强,噪声小,音质优于中、短波广播,因此20世纪50年代调频广播得到迅速发展。我国于1964年进行调频广播试验，20世纪60—70年代在很多高山上建立了调频发射台，用来传送中央人民广播电台的广播节目。70年代中期，我国开办了立体声调频广播。1983年后，我国开始大力发展调频广播，供大众直接收听，从此调频和中波广播收音机成为大众的主要收听工具。为满足人们在高速移动情况下收听好广播的需要，目前我国各地均开办了调频同步广播。

六、有线广播

我国在1946年开始进行有线广播。新中国成立后不久，按照当时提出的"城市听无线，农村听有线"的要求，1952年4月，我国建设了以县为覆盖范围的广播站。随后，农村有线广播在全国范围内得到迅速推广。农村有线广播扩大了中央及省市的无线广播覆盖，成为县、乡政府联系农民大众的有效渠道。在20世纪50—80年代，很多农村有线广播网用铁线制作传输线，因此节目信号传输质量差。90年代后，随着有线电视网的发展，一些地区的广播和电视共缆传输，有线广播质量获得很大的提高。后来，随着中波及调频广播的普及，有线广播逐渐淡出人们的生活。

2013年以来国家开始推进村村响工程。村村响工程是农村牧区群众的迫切需要。当前有许多农村牧区里的青壮年都基本外出务工，留在家中务农的多是老年人，一些新型的信息媒体由于成本和技术要求高、费用消耗大等原因，在他们手中拥有和使用率很低。如果农村牧区广播再不响，群众难以获得各方面信息，一旦遇到山火、洪灾、传染病等自然灾害和突发事件，他们将无法及时知晓。

当前很多农村牧区群众反映，他们喜欢广播这种被动的收听方式，能方便及时地了解国内外大事、收听天气预报，尤其是用地方方言播报时政大事、党的方针政策，听着亲切又直观明了，入脑入心。遇到农忙季节，可以边劳动边收听。他们特别喜欢在广播里听讲授农牧业技术、种子和农药选配等知识，从中能获取实用技术。及时播出科技致富信息、种养技术、病虫害预防知识及天气预报等，广播成了农牧民科学养殖种田、传递信息的顺风耳。

有线广播以新的形式在广大农村牧区再次得到使用，以其平民性和大众化优势，传输信息简单，最能体现农村宣传的特色需要，重新发挥了其特有功能。

七、数字音频广播

随着数字压缩编码技术和数字信道编码调制技术在广播领域的应用，无线电广播正在经历着从模拟体制向数字体制的深刻变革。

数字音频广播起源于德国。数字广播技术的基础是Eureka 147标准，即数字音频广播（DAB）系统标准。1988年1月1日，欧洲正式实施Eureka 147标准。1994年，Eureka 147标准被国际电信联盟（ITU）确认为国际标准。到目前为止，世界上有近30个国家和地区开播或试验播出数字音频广播（DAB）节目。目前在英国、德国、比利时、丹麦等欧洲国家，数字音频广播（DAB）的覆盖率已经达到相当高的水平，全球有3.3亿人在收听数字音频广播（DAB）。在英国、德国等国家，基于Eureka 147标准研发的数字多媒体广播技术已经完全成熟。欧洲的电信标准研究所（ETSI）于2006年正式颁布了DAB的多媒体视频业务技术标准。在亚洲，韩国政府统一协调数字音频/多媒体广播产业链的各个环节，研发完成基于DAB技术标准的整套多媒体广播的技术系统，并于2006年开始商业运营，至今已经拥有近2 000万商用用户。

经过十几年的不断实践,我国对数字音频广播(包括数字多媒体广播)技术系统的构建、业务的开发、市场化运营等诸方面进行了坚持不懈的有益探索,积累了许多宝贵的经验。随着国内多家接收机生产厂家新一代接收机的投产,以及国内多个城市设台建网,在2015年全国的数字音频/多媒体广播事业取得了突破性的进展。

八、成本低

无论是其自身的运行成本,还是受众的接收成本,广播的各种费用都是最低的、最经济的。

从受众的角度来说,广播是获取信息价格最低廉的媒体。这与人们消费水平的日渐提高没有关系,因为即使消费水平再高,人们也希望以最少的投入,获得最大的回报。如今及今后一个时期,由于种种条件的限制,不是所有的家庭都能拥有电脑,也不是所有的人在所有的场合都能拥有电脑,而买个小小的半导体,或利用其他手段听到广播,则是很容易的事。

从传播方来说,广播节目的采访、制作、传输等环节,相对于其他媒体而言,成本是较低的。比如说,一部电话就可解决广播节目的采访与传输问题,电子邮件也越来越多地被广播记者用于采访。这些手段,虽然不能代替面对面采访,但用在某些时候,便节约了宝贵的时间,提高了工作效率,还减少了远距离采制节目造成的人力、物力、财力消耗。当然,这些方法,其他媒体也可以使用,但是广播利用这些手段得到的却是它独具特色的表达方式——声音。

首先,广播的传播速度是快捷的。速度是网络的一大优势,对于一般的信息处理来说,互联网要快于广播。但是,对于重大事件、重要新闻,广播的传播速度要快于互联网。换句话说,被广播记者盯上的事,其新闻传播速度几乎可以等同于事件的进展速度。

移动电话的普及,大大提高了广播节目的时效性。在新闻事件的现场,广播记者只需要有一部电话,即可眼观六路,耳听八方,一边观察、一边采访、一边思考、一边口播,把信号直接送入直播室,将新闻事件的进程实时报告给听众;同时,也能使现场的各种音响,如人物的谈话、自然的音响直接上天。广播还可以现场直播,听众可以从中实时了解新闻事件的进展情况。

九、广播发展趋势

信息时代三大技术——数字技术、网络技术和卫星技术在传媒的运用,使广播媒体成为最大的受益者,也使广播实现真正意义上的"广为传播"。

广播要想摆脱如今弱势媒体的不利处境,求得大的发展,小打小闹、局部调整,就节目谈节目、就广播说广播显然是不行的;而数字技术、网络技术和卫星技术为广播进行脱胎换骨般的变革提供了充分的技术保障。如今,广播在采访、编辑、传输、制作、播出、收听、贮存等方面进行全面革新,时机已经成熟,条件已经具备,而且,一些走在广播改革前沿的电台,已经做出了成功的示范。

第二节　电视技术基础知识

一、电视的诞生

电视(Television, TV, Video)是指利用电子技术及设备传送活动的图像画面和音频信号的装置,即电视接收机,也是重要的广播和视频通信工具。电视用电的方法即时传送活动的视觉图像。同电影相似，电视利用人眼的视觉残留效应显现一帧帧渐变的静止图像，形成视觉上的活动图像。电视系统发送端把景物的各个微细部分按亮度和色度转换为电信号后，顺序传送。在接收端按相应几何位置显现各微细部分的亮度和色度来重现整幅原始图像。电视不是某一个人的发明创造，它是众多不同历史时期和国家的人们的共同成果。早在19世纪，人们就开始讨论和探索将图像转变成电子信号的方法。在1900年，"电视"一词就已经出现。

1936年，英国广播公司采用贝尔德机电式电视，第一次播出了具有较高清晰度、步入实用阶段的电视图像。1954年，美国德克萨斯仪器公司研制出第一台全晶体管电视接收机，从此电视进入了高速发展的历史阶段。

电视信号从点到面的顺序取样、传送和复现是靠扫描来完成的。各国的电视扫描制式不尽相同，在中国是每秒25帧，每帧625行。每行从左到右扫描，每帧按隔行从上到下分奇数行、偶数行两场扫完，用以减少闪烁感觉。扫描过程中传送图像信息，当扫描电子束从上一行正程结束返回到下一行起始点前的行逆程回扫线，以及每场从上到下扫完，回到上面的场逆程回扫线均应予以消隐。在行场消隐期间传送行场同步信号，使收、发的扫描同步，以准确地重现原始图像。

电视摄像是将景物的光像聚焦于摄像管的光敏（或光导）靶面上，靶面各点的光电子的激发或光电导的变化情况随光像各点的亮度而异。当用电子束对靶面扫描时，即产生一个幅度正比于各点景物光像亮度的电信号，传送到电视接收机中使显像管屏幕的扫描电子束随输入信号的强弱而变。当与发送端同步扫描时，显像管的屏幕上即显现发送的原始图像。

二、电视发展历程

电视的发展经历了从黑白电视到彩色电视,从模拟电视到数字电视的发展历程。电视的诞生,使其成为继报纸、广播以后的新兴媒体,它具有传播迅速、及时、形象、生动、直观等特点。

(一)黑白电视

黑白电视是只重重现景物的亮度而不重现其颜色的电视系统,在电视机上只能呈现黑白图像。1936年,英国首先在世界上播出了黑白电视节目。1958年5月1日我国也开始试播黑白电视,同年9月2日我国第一座电视台——北京电视台(中央电视台前身)正式播出。

(二)彩色电视

彩色电视是能重现接近景物实际色彩图像的电视系统。其原理是利用红、绿、蓝三种颜色(简称三基色),根据不同比例配出不同的颜色,从而呈现出色彩的图像。1954年美国在世界上首先开播彩色电视。1973年5月1日我国也开始试播彩色电视,同年10月1日正式播出。彩色电视将色彩信息放到电视信号的彩色幅载波上,加到黑白电视信号中一起播出。这样原来的黑白电视机仍然可以接收新的彩色电视节目,而彩色电视机利用彩色副载波上的色彩信息就可以看到彩色图像了。

(三)模拟电视

模拟电视就其本质来说,在电视信号的产生、处理、传输和记录的过程都是模拟信号。其特点是采用时间轴取样,每帧画面在垂直方向取样,以幅度调制方式传送电视图像信号。为降低所需的传输带宽和减小闪烁感觉,又将每帧图像分为奇、偶两场扫描。模拟电视从传输方式分有地面无线电视、有线电视和卫星电视三种。

1. 地面无线电视

电视诞生后，首先是通过无线电米波（VHF）和分米波（UHF）频段来传送的。一座地面电视发射台的传播距离与调频广播类似，可覆盖几十千米的范围。目前电视发射机的发射功率为几十瓦至几千瓦。我国在20世纪70—80年代主要靠地面无线电视广播进行覆盖。世界上有三种地面无线电视（模拟电视）制式：以美国为代表的NTSC制，以西欧为代表的PAL制和以苏联与法国为代表SECAM制。我国采用的地面无线电视制式是PAL制。无线电视广播只需要一台电视机就可直接接收。

2. 有线电视

有线电视通过光缆和电缆的方式把电视信号分配、传输到千家万户。有线电视技术的应用使我国的广播电视发展实现了一次大的飞跃。与地面无线电视相比，有线电视网络可以传送几十个频道，接收电视节目的数量和信号质量都有了极大的提高，能够开办多套电视节目，也使得广播电视有了一个很大的发展空间。我国有线电视的发展随着电视接收机的普及和技术进步，规模从小到大，经历了以下几个发展阶段：楼宇有线电视阶段，即共用天线系统接收无线电视节目，使用同轴电缆传送了3~10个频道，用户终端50~100户；小区域有线电视网络阶段，20世纪70年代后期，在一些大型企业及一些单位分别建立了有线电视单独的前端，除转播中央、省市节目外，还自办一些电视节目；1989年开始在一些经济发达的中、小城市和县城建立了一批行政区域有线电视台；1990年11月，国家发布《有线电视管理暂行办法》，从而使有线电视得到了飞速发展；进入了20世纪90年代之后，在城域有线电视网络中开始采用光纤传输技术。目前，有线电视已成为城市居民接收电视的主要手段。

3. 卫星电视

我国国土辽阔、地貌复杂，人口众多、居住分散，非常适宜应用卫星开展广播电视传输覆盖。经国务院研究同意，自1985年起我国开始利用C频段通信卫星传输中央电视台第一套模拟电视节目。由于当时卫星转发器资源非常紧张，到1996年底，我国仅批准了中央电视台第一套、第二套、第四套、第七套，以及新疆、云南、贵州、四川、西藏、浙江、山东电视台，中国教育电视台，山东教育电视台共计13套模拟电视节目利用卫星传输，当时主要使用了中星5号、亚洲1号、亚太1A等几颗C频段通信卫星。多年来，卫星传输不仅大大提高了我国广播电视节目的人口覆盖率，而且极大地促进了我国广播电视事业的发展。

（四）数字电视

数字电视是指在电视信号产生后的处理、记录、传送和接收的过程中使用的都是数字信号，相应的设备称为数字电视设备。在20世纪80年代末电视接收机和电视台内的制作播出系统就已经出现数字化的趋势，但是由于数字电视信号原始码率太高而很难实现传输的数字化。

世界各国在20世纪90年代初采用原始码率大大压缩的信源处理技术和将数字电视信号高效放入传输通道的信道处理技术，找到了采用数字技术实现高清晰度电视系统。数字电视的出现使全世界认识到下一代电视不仅仅是电视清晰度的升级，而是要将整个模拟系统向数字系统转换。

广播电视有三种传输方式：地面无线电视广播、有线电视广播和卫星电视广播。数字电视广播就是要将这三种方式全部进行数字化转换。

1. 地面数字电视

世界各国政府都非常重视地面数字电视广播的发展，主要有以下原因：一是地面数字电视广播是公共服务，数字化过程涉及大众的利益；二是频率资源是社会的公共资源，是由政府管理和控制的不可再生资源；三是数字广播电视发展会对信息制造业产生巨大的影响。目前，国际上形成了四种不同的地面数字电视广播传输标准，即美国的ATSC标准、欧洲的DVB-T标准、日本的ISDB-T标准。2006年8月18日，我国颁布了自己的地面数字电视传输标准，并从2007年8月1日起正式实施。目前，我国结合广播电视"户户通"工程大力发展地面数字电视。

地面数字电视具有以下优点：一是高信息容量，为HDTV节目提供大于24Mb/s的单信道码率。二是高度灵活的操作模式，通过选择不同的调制方式和地址信息，系统能够支持固定、便携、步行或高速移动接收。三是高度灵活的频率规划和覆盖区域，使用单频网和同频道覆盖扩展器/缝隙填充器的概念，通过选择不同保护间隔的工作模式可构建16km和36km覆盖范围的单频网。四是支持不同的应用，如HDTV、SDTV、数据广播、互联网、消息传送等。五是支持多个传送/网络协议，如 MPEG-2 和 IP 协议集，易于与其他的广播和通信系统连接。六是在OFDM 调制系统（TDS-OFDM）中实现了先进的信道编码和时域信道估计/同步方案，降低了系统 C/N 门限，以便降低发射功率，从而减少对现有模拟电视节目的干扰。七是支持便携终端低功耗模式，并支持多种工作模式，传输速率可选范围为5.414~32.486Mbps，调制方式可选QPSK，16QAM，64QAM，保护间隔可选55.6ms，125ms，内码码率可选0.4，0.6，0.8。

2. 有线数字电视

随着人们精神文化需求的日益增长，使用模拟技术的有线电视网络所提供的单一服务和粗放的管理方式已经不能满足用户的需求，有线电视网络进入了数字化改造阶段。从2003年开始，我国已在49个城市和地区开展有线电视数字化试点工作，探索实施了数字化整体转换。目前，内蒙古等多个省市已经实现了用户的数字化，其他省市正在全力推进有线电视数字化，在不久的将来，全国大部分省市的有线电视都将完成数字化转换。随着数字技术的不断发展和网络的进一步完善，有线电视将向多媒体、宽带综合业务、双向交互多功能方向发展，电视机将成为家庭多媒体信息终端，有线电视网络将成为国家信息化建设的重要组成部分，最终实现三网合一。

3. 卫星数字电视

国际上，数字电视广播以卫星电视广播为突破口，逐步带动有线电视数字化和地面电视数字化。在我国，从1996年中央电视台采用数字卫星电视信号传输系统开始，中央电视台和各省台的上星节目均采用了数字方式，目前通过卫星传输的电视信号全部都是数字电视信号。

随着大功率卫星制造技术日益成熟和数字压缩技术的发展，直播卫星具备覆盖范围大、不易受其他频率的干扰、方便接收等显著特点。目前，我国已经投入使用的"中星9号"直播卫星就具备这些优势。"中星9号"采用法国阿尔卡特宇航公司SB4100系列成熟商用卫星平台，是一颗大功率、高可靠、长寿命的电视卫星。该卫星发射时的重量达4 500kg，总功率约11 000W，设计寿命15年。"中星9号"原计划和中国航天科技集团制造的东方红四号平台电视直播卫星一起构建中国第一代电视卫星直播系统，但由于"鑫诺二号"出现技术故障成为太空垃圾,"中星9号"取代"鑫诺二号"成为中国第一颗广播电视直播卫星。

"中星9号"采取不加密方式传输节目,主要针对偏远的看不到电视、听不到广播的农村地区。利用"中星9号"直播卫星,全国98%以上的居民可以不经媒介传输,使用直径0.45~0.6m的圆形天线,就能免费直接收听、收看广播电视节目和实现卫星宽带互联网业务。

目前,我国各地用户使用直径50cm左右的小口径天线和一个卫星接收机就可以很好地接收上百套广播电视节目。

4. 高清晰度电视HDTV

HDTV是High Definition Television的简称,翻译成中文是"高清晰度电视"的意思。HDTV技术源于DTV(Digital Television,数字电视)技术。HDTV技术和DTV技术都是采用数字信号,而HDTV技术则属于DTV技术的最高标准,拥有最佳的视频、音频效果。我们知道DVD给了我们VCD时代所无法比拟的视听享受,但随着技术的进步和人们需求的不断跟进,人们对视频的各项品质提出了更高的要求:屏幕要更宽,画质要更高。于是,HDTV就孕育而生了。高清晰度电视是一种新的电视业务,国际电联给出如下定义:"高清晰度电视应是一个透明系统,一个正常视力的观众在距该系统显示屏高度的3倍距离上所看到的图像质量应具有观看原始景物或表演时所得到的印象。"其水平和垂直清晰度是常规电视的2倍左右,配有多路环绕立体声。HDTV与当前采用模拟信号传输的传统电视系统不同,HDTV采用了数字信号传输。由于HDTV从电视节目的采集、制作到电视节目的传输,以及到用户终端的接收全部实现数字化,因此HDTV给我们带来了极高的清晰度,分辨率最高可达1 920×1 080,帧率高达60fps,是足够让DVD汗颜的。除此之外,HDTV的屏幕宽高比也由原先的4:3变成了16:9,若使用大屏幕显示则有亲临影院的感觉。同时由于运用了数字技术,信号抗噪能力也大大加强,在声音系统上,HDTV支持杜比5.1声道传送,带给人Hi-Fi级别的听觉享受。和模拟电视相比,数字电视具有高清晰画面、高保真立体声伴音、电视信号可以存储、可与计算机组成多媒体系统、频率资源利用充分等多种优点,诸多的优点也必然推动HDTV成为家庭影院的主力。所谓的数字电视,是指从演播室到发射、传输、接收过程中的所有环节都是使用数字电视信号,或对该系统所有的信号传播都是通过由二进制数字所构成的数字流来完成的。

按照国家广电总局的规划,我国于2008年全面推广高清数字电视的地面传输,中央电视台在高清上投入巨大,"央视高清"频道已经开播。近几年来,高清数字电视机出现飞速的发展,目前全国有线高清数字电视用户市场规模达1 200万户。高清数字电视的发展在任何一个国家都不是短期可以完成的工程,真正意义上的高清电视,必须具备高清电视节目内容、高清节目传输系统、高清电视机和高清机顶盒。目前我国数字高清电视发展面临高清节目和频道严重匮乏,高清数字电视机市场混乱,电视机价格较为昂贵,高清机顶盒的成本居高不下等问题,这些问题严重影响了高清数字电视的发展。

三网融合为高清数字电视提供机遇。所谓三网融合指的是互联网、电信网、广电网三张网的互相渗透融合,随着新技术和新功能的增加,能更好满足消费者家庭娱乐的体验必将成为电视机竞争的核心方向,高清数字电视的普及不言而喻。

三网融合是一场真正的"宽带革命",丰富的节目内容或服务应用将推进宽带建设和光纤通信的飞跃发展。光纤通信以其通信容量大、传输距离远、保密性好等优点,在产业中逐步形成了"光进铜退"的趋势，为广电运营商应用光纤接入技术进行有线电视的双向改造，提供高清视频点播、3D游戏等高附加值互动服务提供了可能。同时，三网融合还会衍生出丰富的增值业务，如多样化的高质量视频、语音、图文等多媒体应用，这些应用将进一步加强人与人之间的沟通能力，提高人们的生活品质。

三网融合为高清电视的发展和普及提供了难得的机遇，为高清互动、高清机顶盒、高清一体机市场的繁荣提供了政策支持。

第二章　广播电视数字高清全台网

第一节　全台网概述

目前,各省级电视台都已经全面完成了高清全台网的建设,在其成熟经验的指导下,各市级电视台也在逐步完成系统的高清化改造,以高清制播为主体的节目内容制作模式应运而生。在高清化改造的过程中,各电视台越来越感受到独立的系统对于生产能力的制约,电视台越来越迫切需要进行业务整合,实现全台协作,流程化办公,最终实现全台制播流程化的功能,摆脱传统卡带化送播带来的流程繁琐、效率不高的问题。所以对于电视台而言,不仅仅是需要具备高清生产能力,应该是具备高清化的全台制播流程化业务生产能力。

全台网系统建设的总体目标是:基于安全、先进、高效、开放、扩展的原则,充分利用各种先进的存储技术和网络技术,为广播电视台提供一个集新闻制播、后期制作、媒资系统、节目整备、播出系统于一体的全台综合性、智能化的全台网。

一、项目设计原则

根据规划,全台网系统设计总的原则是:遵循标准、立足需求、以技术为基础、以节目安全生产播出为目的、总体规划、分步实施。具体来说,在整个系统设计过程中,严格遵循系统稳定、先进是第一要素的指导方针,按照以下几点指导原则进行设计:

（一）安全性原则

电视节目的安全播出是一切工作的重中之重，在网络化建设中要把安全性放在首要位置，建立完善的安全防范体系，考虑多种技术手段来保证网络化制播的安全性。系统与外部系统采用松散耦合方式进行连接，尽最大可能避免外部系统对网络系统造成的影响；在系统内部，从系统、设备、软件、应急预案等多个方面对安全性进行全方位的考虑，确保业务"万无一失"。

（二）高质量原则

电视节目的高质量是需要突出考虑的问题，在网络化建设中，通过选择合适的视音频文件格式、减少转码环节、降低转码带来的质量损失、自动视音频幅度修正等方法，提高系统生产模式下的节目质量，并建立完善的质量控制体系，对采集、制作、存储、播出各个节点的技术质量进行控制，保证视频幅度、画面清晰度、误码秒、夹帧、静帧、音频幅度、音质等方面的技术质量。

（三）高效率原则

在系统建设中，基于业务量大、操作群体庞杂、工种分配细致等具体特点，重视流程的优化，整个方案中尽可能使用了自动化处理，通过流程引擎驱动整个业务，完成高效率的运转。同时通过合理选择压缩格式、减少转码环节、优化人机界面等手段，并根据各业务板块间的数据交互要求，设计合适的网络结构和数据交互技术方案，提高工作效率，满足电视制作的相关要求。

（四）高管控原则

在网络化环境下，传统的运行维护方法已不能满足要求。因此在系统方案设计时，要重视系统的可控性、可管理性，建立全流程、多系统的一体化智能监控系统和集中监控处理平台，实现对硬件资源、软件资源、系统信号、任务流程、内容资源的监控管理。

（五）实用性原则

系统设计充分体现"以人为本"的设计思想，围绕电视台的总体目标和功能需求，解决好内容管理、资源整合、节目交换等关键问题。系统具有流程合理、功能完善、操作简单直观、维护管理方便等特点，并提供较好的灵活性和共享能力，未来可以根据电视节目生产业务的发展进行快速、便捷的调整。

（六）开放性原则

系统设计采用开放技术、开放结构、开放系统组件和开放用户接口，视音频文件编码格式、编目标引、元数据接口等都基于相关的国家、国际或行业标准进行开发，以利于网络的维护、扩展、升级，以及与外界信息和电视专家系统的沟通。此外，在素材采集和节目发布形式上也应当具有开放性，支持卫星、IP网络、录像带等多种采集途径，支持硬盘播出、数字有线电视、地面数字电视、卫星多媒体广播、IP电视、网络电视、手机电视等多种发布形态，保证各大厂商设备、系统的良好集成性能，确保与其他网络的衔接。

（七）先进性原则

在确保安全、可靠、实用的基础上，采用符合国际国内标准的、成熟的技术，兼顾数字压缩技术、网络技术、存储技术、数据库技术的发展方向，确保系统建成以后处于整个行业技术发展的前沿。系统能够在业界具有领先地位，系统所选设备在其领域内须具备先进性。

（八）扩展性原则

系统具有极强的可扩展性，存储系统的容量、站点的数量可以灵活扩展，并采用松散耦合、弹性的系统技术架构，便于将来更多模块和系统的接入。在保证初期业务的前提下，预留充分的扩展空间，保证将来各种新业务的开展。

二、建设规范

全台网系统的设计建设遵循中华人民共和国国标及国家广电总局制定的相关行业标准。若无相应的中国标准，则遵循国际有关技术标准。主要可分为多媒体方面、传统系统、建筑施工综合布线以及视音频接口等。

（一）视音频编码及复用标准

▲GB/T 17975.2 信息技术——运动图像及其伴音信号的通用编码。

▲TU-R BT.601 数字电视编码标准。

▲SMPTE 10 比特4∶2∶2分量使用的串行数字接口SDI，以及工作在4∶2∶2 601 推荐级别下的625 行。

▲ITU-R BT.656-4（eqv. GB/T 17953-2000）工作在4∶2∶2 601 推荐级别下的625 行。

▲电视数字分量，即SMPTE 125M 及EBU Tech 3267 规定的数据电气接口标准。

▲ITU-R BT.711 供分量数字演播室使用的同步基准信号。

▲SMPTE RP 168 为实现同步视频切换，关于场消隐切换点的规定。

▲AES3 供数字伴音工程线性表示的数字伴音数据的串行传输格式。

▲AES11 供数字伴音工程在演播中使用的数字伴音设备的同步格式。

▲压缩视频信号的4∶2∶2级规范。

▲ITU-R BT.624对模拟符合输出监视的规定，以及SMPTE 170M规定的数据电气接口标准。

▲MPEG-2视频标准在数字（高清晰度）电视广播中的实施准则（征求意见稿）。

▲MPEG-2系统标准在数字（高清晰度）电视广播中的实施准则（征求意见稿）。

（二）数字电视基础标准类

▲GB/T 7400.11数字电视术语。

▲GY/T 134数字电视图像质量主观评价方法。

▲GY/T 144广播电视SDH干线网管理接口协议。

▲GY/T 145广播电视SDH干线网网元管理信息模型规范。

▲GY/Z 174数字电视广播业务信息（SI）规范。

▲GY/Z 175数字电视广播条件接收系统（CA）规范。

（三）信道编码及调制标准

▲GB/T 17700—1999数字电视广播信道编码及调制标准。

▲GY/T 170—2001有线数字电视广播系统信道编码及调制规范。

▲GY/T 143有线电视系统调幅激光器发送机和接收机入网技术条件和测量方法。

▲GY/T 146数字电视上行站通用规范。

▲GY/T 147数字电视接收站通用技术要求。

▲GY/T 148数字电视接收机技术要求。

▲GY/T 149数字电视接收站测量方法——系统测量。

▲GY/T 150数字电视接收站测量方法——室内单元测量。

▲GY/T 151数字电视接收站测量方法——室外单元测量。

▲GY/T 198—2003 有线数字电视广播QAM 调制器技术要求和测量方法。

(四)计算机网络综合布线类

▲ISO/IEC 11801 商业建筑物综合布线系统国际标准。

▲EIA/TIA 568A 商业建筑物综合布线系统美国标准。

▲EIA/TIA 569 通信布线管线和空间设计施工标准。

▲建筑与建筑群综合布线工程设计规范。

▲建筑与建筑群综合布线工程施工及验收规范。

(五)MPEG-2 标准

▲GB/T 17975.1—2000 信息技术运动图像及其伴音信息的通用编码第一部分：系统。

▲GB/T 17975.2—2000 信息技术运动图像及其伴音信息的通用编码第二部分：视频。

▲GB/T 17975.3—2002 信息技术运动图像及其伴音信息的通用编码第三部分：音频。

(六)其他

▲国家广电总局电视台数字化网络化建设白皮书及相关规范。

▲国家广电总局62号令《广播电视安全播出管理规定》及各专业实施细则。

▲GD/J 038—2011 广播电视相关信息系统安全等级保护基本要求。

▲GD/J 037—2011 广播电视相关信息系统安全等级保护定级指南。

第二节　全台网总体设计

一、全台网总体结构

全台网的核心思想是各业务系统互联互通,以主干平台作为整体支撑,将零散的各业务系统连接起来,形成全台生产链。主干平台作为全台网核心,提供系统之间的元数据和媒体文件交互;各生产系统均接入到主干平台;节目整备系统提供全台节目代码统一管理,全台节目的集中送播管理;播出系统只跟节目整备系统联通,通过安全链路实现全台节目的集中送播,从而确保播出的安全稳定性。根据需要全台网建设目前包括以下系统:主干平台、新闻系统、制作系统、媒资系统。

二、网间业务流程设计

全台网由多个系统构成,其核心是系统之间的互联互通。在全台网建设中,需要先实现新闻系统文件化送播流程,其余系统上线过程中,再逐步扩展全台生产业务流程。系统间的业务流程制定需要具备灵活性,可以根据台方业务的发展进行调整优化。全台网建设各个系统之间需要实现的网间流程功能如下图所示:

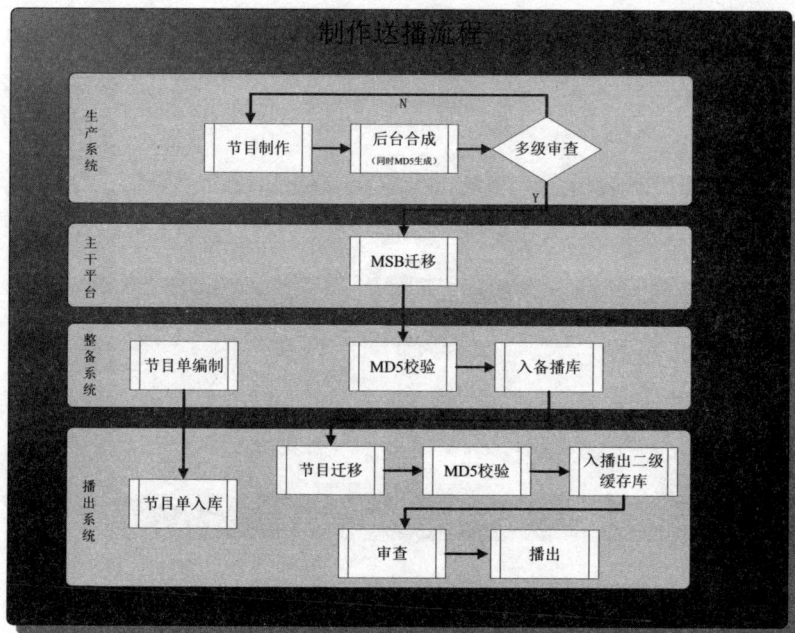

流程说明:

(1)在制作网编辑站点上进行节目制作,节目制作完成,提交进入制作网内部的合成、审核等环节;

(2)制作后台自动调用主干平台迁移服务,将节目及相关元数据信息文件迁移至节目整备系统进行统一管理;

(3)节目整备系统完成节目单编辑并发送给播出系统,关联的节目可以采取推或者拉的方式进入播出系统,播出系统MD5码校验通过后,完成节目的入库和节目的审查,进行成品节目播出。

三、节目 / 素材归档流程

节目/素材归档流程如下图所示:

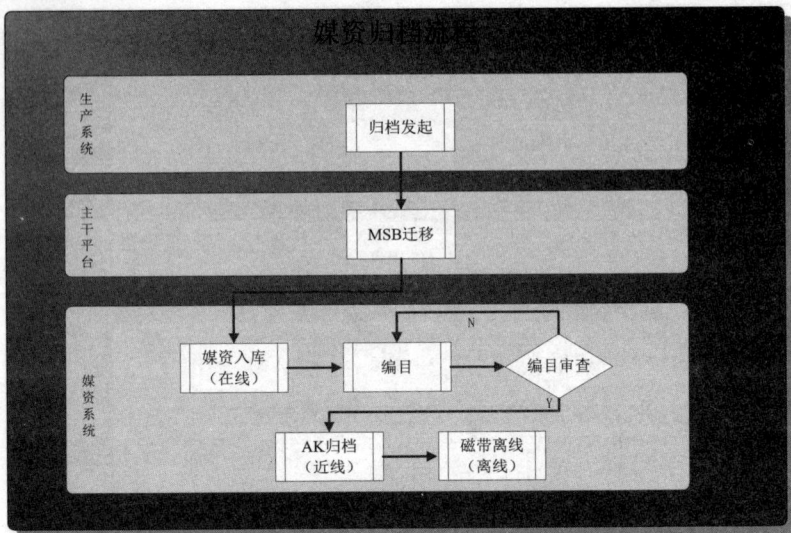

媒资归档流程

生产系统 —— 归档发起

主干平台 —— MSB迁移

媒资系统 —— 媒资入库（在线）→ 编目 → 编目审查（N/Y）

AK归档（近线）→ 磁带离线（离线）

流程说明：

（1）归档的节目和素材通过主干平台的媒体服务总线（MSB），从节目制作系统以原码率MPEG–2 I帧100Mbps（高清）或MPEG–2 I帧50Mbps（标清）格式迁入"媒资在线存储"；

（2）在入库审批通过之后，"媒资转码服务器"对需要归档的节目和素材进行转码，形成用于检索和编目的低码率，并将低码率存放在"媒资在线存储的低码率区"；

（3）需要归档到近线磁带库中的节目和素材通过归档策略从"媒资在线存储的暂存区"迁移至"近线存储"；

（4）"近线存储"中的媒资可以再根据相应的策略转移到"离线存储"进行保管。

四、节目／素材回迁流程

节目/素材回迁流程如下图所示：

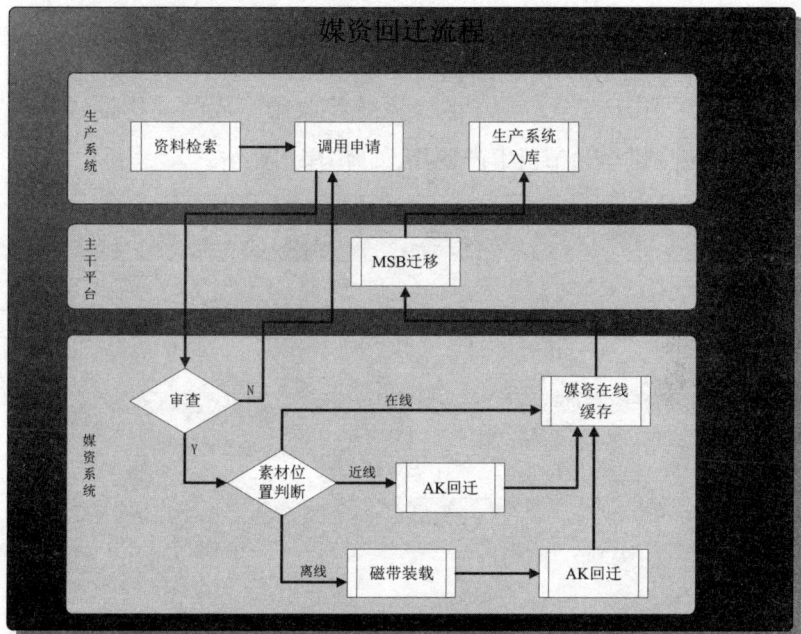

流程说明：

（1）"记者/编辑"通过网页的方式去检索自己需要的媒资，并将需要调用的媒资申请发送给"审核人员"；

（2）"审核人员"对媒资调用申请进行审核，通过后就将媒资调用请求发送给调度服务器进行任务调度，一旦未通过就打回使用请求；

（3）"调度服务器"查询所调用的媒资所在位置，将在近线存储中的媒资迁移到在线存储中；

（4）所需要媒资到了在线存储后，通过主干平台的媒体服务总线（MSB）将资料迁移至节目制作系统；

（5）节目/素材回迁流程结束。

五、收录入库生产系统流程

该流程用于在全台集中收录系统将收录完成的素材推送到各个生产系统，供全台节目生产使用，如下图所示：

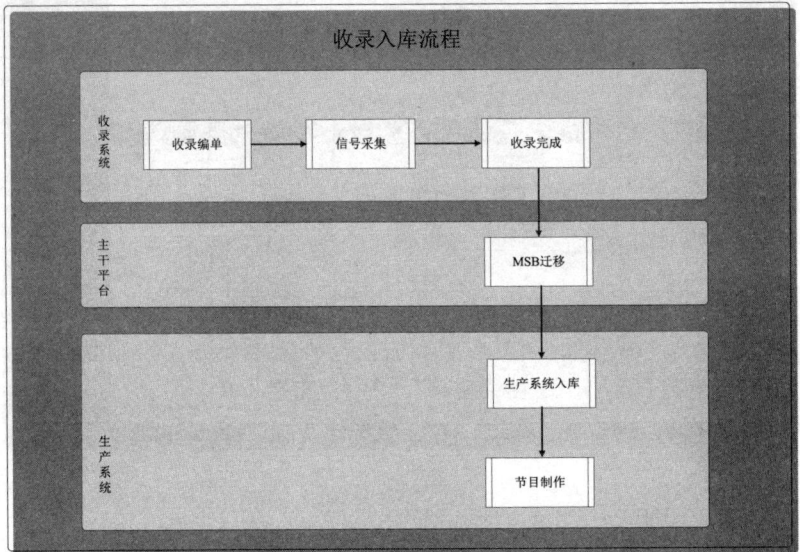

流程说明：

（1）在收录系统根据收录编单的任务信息，完成信号的采集录制，采集完成的文件放在收录系统在线存储上；

（2）根据业务需要，调用主干平台，将各收录素材迁移到其对应的生产系统，需要支持单条收录任务迁移到多个生产系统；

（3）在生产系统，完成收录迁移过来素材的后台自动入库，此时可在编辑工作站使用素材进行节目编辑。

六、生产系统资源共享流程

该流程用于在多个制作系统之间, 进行素材资源的交互使用, 如下图所示:

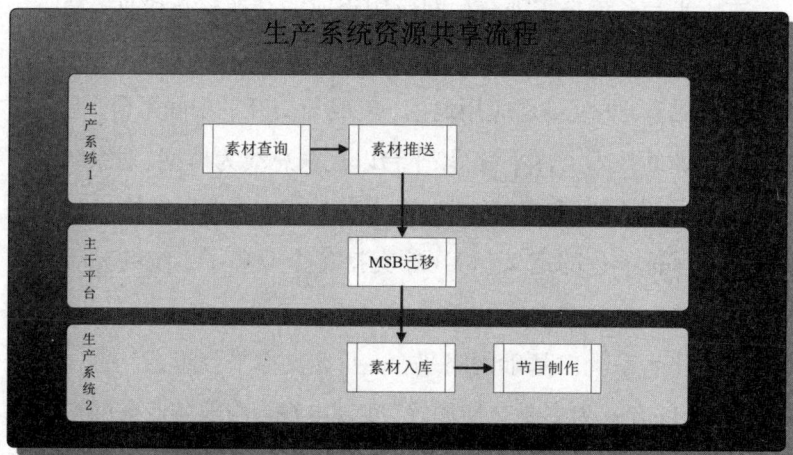

生产系统资源共享流程

流程说明:

(1) 在源生产系统查询内部的素材资源, 选择需要推送的素材, 发起资源共享(推送)流程;

(2) 调用主干平台MSB迁移服务, 将源生产系统的素材迁移到目标生产系统;

(3) 迁移完成后, 调用目标生产系统的素材入库服务, 完成素材自动入库。入库后的素材, 可以在目标生产系统直接用于节目制作。

第三节　主干平台

一、系统概述

主干平台系统是实现全台网应用集成的交换核心和业务核心，是全台网开放性架构的基础，是子系统之间数据交互的调度中心，流程控制的管理中心，是应用通信、集成与交互的中间平台，是全台网互联互通的技术支撑平台。该平台以互联总线为模型，对系统中可能用到的通信协议、软件接口协议、信息协议、数据压缩格式和文件格式进行了标准化的定义和实现，支持各个业务子系统的灵活接入和平等互联。

主干平台系统由基础网络平台、业务支撑平台组成。通过主干平台，以文件方式为主要交换手段，实现电视台内部各业务网络的网间节目数据交换，为日常节目生产提供高效的数据共享功能。基于平台的定位，主干平台的总体技术设计如下：提供各个业务系统的接入方式、业务交互方式以及数据交换方式，提供台内网多业务系统之间的业务整合功能，提供支撑台内网运行的其他辅助功能，提供与办公网综合管理子系统的相关接口功能，提供生产网与办公网乃至互联网的业务互通支撑功能，以及实现上述功能的基础软硬件设备。

二、系统架构

从工艺架构的角度看，主干平台由基础支撑平台、业务支撑平台组成。主干平台内部架构示意图如下：

		标准化软件通信接口、标准化信息（XML）接口			
主干平台	业务支撑平台	标准化数据压缩格式及文件封装格式 业务流程、服务、接口、参数规范			
		企业服务总线 ESB	企业媒体总线 EMB	主干平台 公共服务	主干平台 系统监控管理
	基础支撑平台	操作系统（Windows / Unix / Linux / Soiaris / AIX）、 网络接口协议（TCP / IP、Fibre Channel） 网络管理协议（SNMP、MIB）			
		IT基础架构软件平台			
		以太网络		FC网络	
		IT基础架构网络平台			

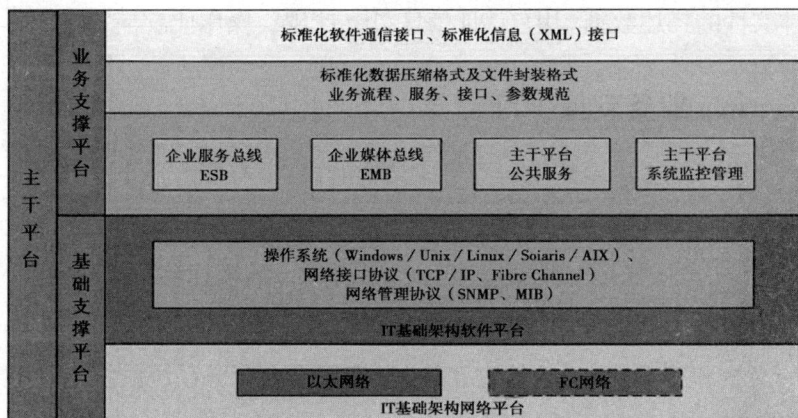

三、基础支撑平台

基础支撑平台由基础网络平台、系统软件平台组成,它为电视台网业务系统提供软硬件基础运行环境,并实现各业务系统在网络层的互联互通。

（一）网络架构

全台网基础网络架构的设计中,主干平台考虑采用以太网络架构,采用"万兆主干,捆绑互联,千兆接入,冗余备份"的总体设计原则。主干平台采用高性能、大容量的网络设计,要求保证网络稳定性、可靠性,进行全冗余的体系架构,核心交换机与各业务系统交换机以及主干平台接入交换机间的连接采用万兆双链路冗余,从而保证信息高质量、高效率地传输,并且主干网络无单点故障。

（二）数据库

数据库管理系统,尤其是关系型数据库在整个主干平台系统中扮演着重要的角色。整个系统中除了AV视音频文件和图片等媒体文件之外,其他所有元数据信息Metadata都统一由数据库管理,包括媒体文件的描述数据、用户认证信息、用户权限、操作日志等。

四、业务支撑平台

业务支撑平台是全台网集成架构的核心,需要由企业服务总线(ESB)、媒体服务总线(EMB)、公共服务、系统监控组成,提供统一用户认证、服务注册、消息路由、协议转换、数据迁移、流程控制、智能监控等服务或功能,实现业务系统在主干平台上的集成,数据的交换和路由,流程的管理和控制,实现全台业务系统的统一管理和互联互通。

全台网网络系统建成后,节目从策划到素材采集、编辑、归档、播出、存储、统计和结算都实现了数据化、网络化和流程化。所有的工作环节都是由主干系统根据预先制定好的策略来自动驱动,环环相扣,有效减少了因人为拖延和失误带来的流程迟缓、中断。网络化工作流程的特点需要体现以下几个方面:

(一)网络化节目生产

包括新闻类节目生产网络化、非新闻类节目生产网络化、数字信号收录网络化、播出分发网络化和媒体资产管理网络化。这些网络化系统为电视台日常节目生产提供了基础的生产平台。

(二)网络化数据交换

包括制作系统与媒资系统之间素材的归档和调用、收录网络系统到制作系统和媒资系统的数据迁移、全台制播一体网络系统之间的成品节目数据交换等。这些系统之间的数据交换均可采用无磁带的文件交换方式,提高了数据交换效率。

(三)网络化信息沟通

全台网络系统内部或与外部技术系统之间的信息沟通,包括收录约传单、节目信息、文稿信息、串联单信息、审片意见、资料检索信息、编目信息、编目审核信息、资料归档/迁移信息、总编室节目单信息等。这些信息的电子流传递打通了全台网络系统内部以及与外部系统之间必要的信息沟通,为电视台业务流程化、网络化办公和作业奠定了基础。

(四)系统支撑能力

系统支持主干系统、新闻系统、节目整备系统、播出系统、制作系统、媒资系统、收录系统、包装系统等全台流程及文件交互,实现全台互联互通。

(五)全台统一认证

在全台网络系统的设计中,需要建立统一认证与授权中心,负责为全台网络内各业务系统、全台网络部署在办公网内的业务模块提供用户身份认证。在所有需要用户登录的场合时,均通过对认证服务器的访问来得到必要的身份认证信息,完成用户身份识别。在身份认证通过后,由各业务系统负责授予相应权限,实现统一认证、分散授权。全台网络系统的统一认证与授权中心可以与全台统一认证系统交互认证数据,保证全台范围内认证数据一致性。

(六)高安红山区域

高安红山区域是指在信任域和非信任域之间建立一个相对独立的、具有高安全保障的中间区域,传递非信任域对信任域的访问请求和返回结果。高安红山区域是台内网整体安全体系的重要组成部分和技术体现。高安红山区域内根据需求部署一定数量的服务器,如应用服务器以及用于安全隔离的设备等。安全设备需要做严格的访问控制。按照电视台"当通则通,当断则断"的要求,除了采用常规的防火墙、防病毒安全设备以外,还可采用网闸做物理隔离。

第四节　新闻系统

一、系统概述

　　新闻系统主要承担新闻节目的制作以及新闻直播,系统需要贴近于新闻生产业务所需,具备快速新闻节目生产能力,同时保持高度的前瞻性。在融合生产的要求下,根据新闻业务的发展所需,可将新闻生产从时间、地点、空间上延伸至可触及的各个方面,实现"新闻无时不在,新闻无处不在"。

　　为了满足新闻系统的功能需求,本次设计的系统总体上需要分为三个部分,即公共支撑后台、业务支撑后台和业务应用系统部分。另外,通过系统对外交互接口,可实现新闻系统与其他业务系统(主干平台、媒资、收录、制作、节目整备系统)的业务交互和连接。新闻系统需要采用标准化的模块式结构,应用层的业务系统可以根据需求进行灵活增减,除了系统业务模块功能的灵活组合之外,新闻制播网络系统在系统规模上也具有极强的适应性。编辑站点数量可随系统存储带宽的扩展而增加,系统结构无须做重大的改动。

　　系统采用单网架构,在逻辑结构上服务器及存储系统承担了系统的核心数据交换,服务器和编辑制作站点通过千兆链路接入,在逻辑上通过以太网通路融为一体。后端采用万兆以太网连接存储设备,从而确保所有站点的存储访问带宽充足和稳定,并且通过万兆以太网接口实现与全台网其他业务系统的连接,确保高效的系统间交互。

　　由于新闻类节目具有短、平、快的特点,并不需要做复杂的编辑,其时间线视频层数都在4层以下,在此编辑要求下,前端千兆以太链路已经足以支撑新闻业务的生产,后端存储多条万兆链路接入提供支撑,并且通过万兆以太链路与主干互联互通的单以太架构,这样的设计更便于整体网络的灵活性和管控性。后端存储采用IP集群存储,其带宽随着节点数的增加而增加,需要满足项目所需,而且未来系统升级扩容也不会存在瓶颈。

(一)存储架构

系统整体存储架构采用在线与近线相结合的方式,采用磁盘阵列与蓝光光盘磁带库结合的方式实现媒体文件的分级存储。

新闻系统的在线存储由磁盘阵列构成,用于保存需要进行在线编辑的素材、正在编辑中的节目、常用的新闻素材等需要实时访问的媒体文件。对于需要保存较长时间,但暂时尚未准备归档到全台媒资系统的素材,则迁移到新闻生产媒资。生产媒资作为新闻系统的内容备份模块,配备大容量低带宽的低成本盘阵,用于资料的长期保存和快速回调使用。同时,生产媒资配备蓝光光盘库,可以将盘阵上的资料进行二级备份,并且在盘阵上的资源删除后,当需要时,可以从光盘库进行直接回迁,从而满足业务不断发展的需要。

全台网系统存储架构采用目前业内最成熟的非编系统素材安全解决方案——双存储技术。在采用双存储技术解决系统素材安全的基础上,还大大提高了双存储的利用价值,通过带宽分流的方式,为系统提供更大的存储访问带宽,进而为高清环境下的节目编辑提供了可能。

所有新闻节目生产都在此系统进行,网络化建设后,非编的上下载、编辑、审片、送播等关键业务都依赖存储系统的稳定性,因此,设计上采用双存储架构,既保证了系统核心数据的安全和系统高稳定性。因此,设计上采用双存储架构,既保证了系统核心数据的安全和系统高稳定性,又满足了灵活的编辑、扩展需求。

(二)在线存储区域划分

在存储区域划分方面,充分考虑不同数据类型的访问特点,根据业务将存储划分为以下几个区域,如图所示:

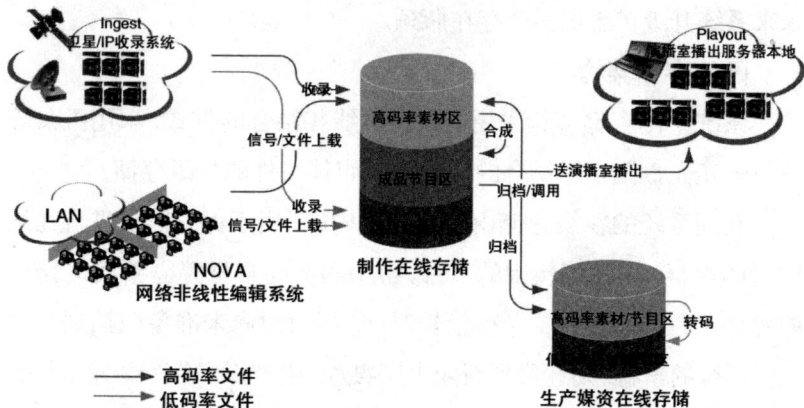

如图所示,系统共配置两级在线存储,其中制作在线存储划分为高码率素材区、成品节目区和低码率素材区。非编站点上载和收录的高低码率文件分别进入高码率素材区和低码率素材区保存,制作完成的成品节目合成后进入成品节目区保存。

生产媒资在线存储划分为码率区和低码率区,需要在生产媒资中保存的高码率资料,通过迁移进入生产媒资在线存储高码率区保存,同时生产媒资会通过转码生成一版低码率素材进入媒资低码率区保存,供发布浏览使用。

(三)新闻网全网应急模块

新闻系统作为承载广播电视台新闻制作播出的技术系统,对安全性具有非常高的要求,需要在设计过程中进行专项考虑。全台网系统除了对重要的功能设备进行双机互备的安全措施外,还需要配置全网安全应急产品,提供系统级备份,最大程度确保系统的安全性。

全网应急模块能够快速稳定保证电视核心制播业务的可持续性,具备制作完成最近一档30min新闻节目的能力。可提供一定规模的网络共享制作、编辑稿件/串联单、网络化送播等应急状态下的最佳用户体验。实现系统整体应急方式,填补当前系统中无低成本、易维护、用户体验良好的整体应急措施空白。同时,基于应用优化的元数据与媒体数据同步软件,保证主系统与应急系统之间在设计范围内的数据一致性。

产品主要通过高度集成部署已有网络产品中后台服务软件模块,组成最小化、集中部署的,但满足必备功能的后台服务软件模块。基于应用优化的元数据与媒体数据同步软件,保证主系统与应急系统之间在设计范围内的数据一致性。产品作为安全应急解决方案核心产品,在与主系统制作与演播的互联以及切换措施上也同时进行了设计规划。通过在非编工作站中预装双系统,当制作域后台支撑发生故障时,则由人工切换至应急操作系统,然后直接调用节目进行制作,本地合成,同时启动修改稿件/串联单的流程操作。在审查通过后由全网应急系统送演播室,继续提供支撑服务,最终的目的是保证播出安全。

主要注意以下几方面的安全:网内安全,系统病毒防护设计,应用软件安全性设计,计算机终端安全设计,网络管理安全设计。

再稳固的系统,也会有潜在风险,操作和管理规范是一个系统安全的重要基石。实际使用中需制定严格的安全管理办法或规范,做到操作有据可依;同时从技术上采取一定的安全措施,如制播网内加强管理,制定严格的操作管理制度,同时禁用所有终端的USB接口和光驱、软驱,不允许私自从互联网上拷贝数据等等。

系统配置先进的网络管理软件,可实时监控网络设备的流量和运行状态,重要服务器及数据库的运行状况,做到故障的提前预警和定位及故障的迅速排查。

二、非线性节目制作系统的要求

编辑工作站具有实时编辑8层或以上MPEG-2 I帧100Mbps高清视频素材的能力,日常剪辑操作平滑流畅,无延时感。

编辑工作站具有低质代理码率编辑功能,能够实时编辑3层以上H.264 4Mb高清代理码率的能力,日常剪辑操作平滑流畅,无延时感,且站点码率编辑能力要与整体系统合成服务能力相匹配。

支持高标清混编;支持P2卡和蓝光盘的编辑全流程,P2卡上直接编辑节目数据,不用导入工作站本地盘进行编辑,支持低码流故事板回写。

编辑高清节目时,系统提供对应的标清版本的安全框。

支持8声道以上嵌入音频输入输出,有出色的音频处理功能。

具有多种上下载功能,支持多种高/标清信号格式的采集与输出,支持不同媒体格式文件的转码导入,支持采集输入参数调整及软件示波器监看。支持8声道以上的HD-SDI嵌入音频输入输出。

具有强大的剪辑及实时特技功能,实现色彩校正、亮键、色键、三维变换等实时特技功能,采用插件方式管理,具备扩展性。

具有强大的字幕功能,丰富的字幕特技与模板,完成静态字幕、特技字幕、多层字幕、唱词字幕、滚屏字幕等,易于修改调整。

能和文稿软件相结合,支持新闻节目的制作;非编制作和配音时,都能浏览对应条目的文稿内容。

（一）高清的编辑能力

▲支持常用的高清格式：MPEG-2 I（422/420）100M，MPEG-2 IBP GOP（4~15）（50~100M），AVCINTRO（50/100M），XDCAM HD IBP（15/25/35/50），DNxHD，DVCPRO HD。

▲全面支持蓝光设备的上下载，包括高标清蓝光机、XDCAM U1、XDCAM EX等，同时支持P2的上下载，包括各种连接方式。

▲高标清高码率编辑、低码率编辑。

▲支持各种高标清格式进行混编，素材上下变换。

（二）强大的处理能力

▲利用强大的第二代CPU+GPU编解码和编辑核心，真正实现高标清兼容，支持多层、多格式、高低码率视音频素材实时混编，多层特技实时处理，为实现高标清平滑过渡提供了理想的解决方案。

▲实现基于软件编码的实时长GOP压缩编码格式，支持目前几乎所有的HD/SD信号输入/输出接口，同时还可通过IT接口（1394或以太网接口）导入源格式的数据文件。

▲支持边采边编，实现收录完毕，节目初编完成，大大提高节目制作效率。

▲支持多种方式的节目输出，如素材生成、文件输出、单帧输出、生成TGA序列等。

▲支持多种素材上载方式。

▲可进行本地脱网模式编辑和切换到网络库模式，支持节目、素材导入导出，元数据继承。

第五节　媒资系统

媒资系统需要是多功能的综合性媒资系统，用于对全台的生产资料进行集中保存和管理，同时对全台的历史资料逐步完成数字化保存工作。作为全台的媒体资产中心，需要为全台多个内容生产业务系统服务，对全台生产提供检索、发布、内容管理、数据存储、工作流推动等服务。媒资系统拓扑结构示意图如下：

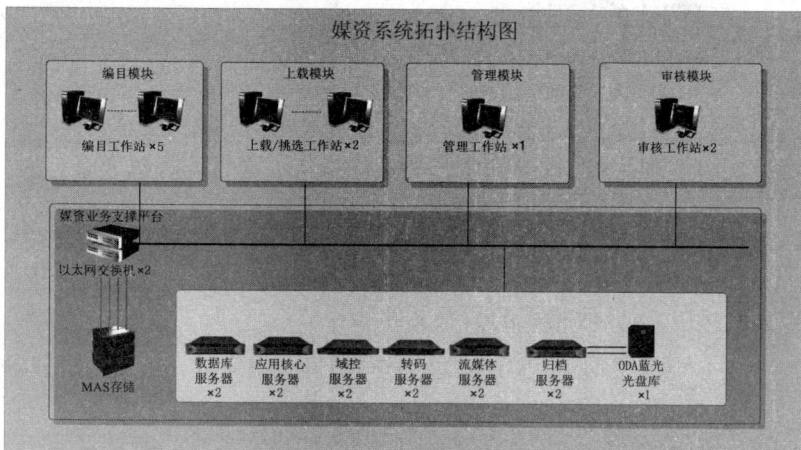

系统采用以太单网架构，在逻辑结构上内容管理及硬件支撑平台承担了系统的核心数据存储、交换和管理功能。业务模块通过以太网通路与支撑平台连接成为一个整体。媒资系统业务上主要负责海量资源的集中存放，对带宽并没有过大要求，所以需要选择高容量、低带宽、低成本的存储，系统建设使用NAS结构存储，后端万兆以太方式接入交换设备提供支撑，前端站点均以千兆以太链路接入，从而使整体网络具备灵活性、扩展性和可管控性。

媒资系统存储需要采用在线与近线相结合的方式，采用磁盘阵列与蓝光光盘库结合的方式实现媒体文件的分级存储。磁盘阵列作为媒资系统的在线存储，划分为三个区域：根据业务需要，划分大部分空间保留一些使用度频繁的高质量文件；划分媒资低码流视频文件区域，用于媒资检索、打点回迁、编目等业务应用；有部分区域作为盘阵上待编目素材的临时存储区域及归档/回迁素材的暂存区域。

蓝光光盘库是媒资的主要存储设备，用以长期保存归档的高码率素材和节目，可以作为在线内容的二级备份，同时当在线内容删除后，制作系统需要用到这些素材时再迁移到媒资在线盘阵上，并由媒资数据交换服务回迁至制作系统在线存储。归档服务器通过以太方式访问在线存储，通过光纤方式跟蓝光光盘库进行连通，从而实现双向读取功能。

业务支撑平台为整个媒资系统的基础，需要为媒资系统提供关键性后台服务，如检索、发布、媒体处理、内容管理、数据存储、工作流推动等。内容管理平台主要管理两方面的内容：①媒体文件，这部分内容保存在媒资磁盘阵列和数据流磁带库内，由归档管理/归档服务器负责在两个存储设备之间的数据迁移。②节目及素材元数据，包括媒体文件信息、素材关键帧、编目信息等重要关联信息，这部分内容保存在平台的数据库内。

在业务支撑平台之上部署媒资业务系统，业务系统呈现媒资系统的主要业务用户界面，如编目、检索、审核、上载等业务系统对数据库的访问通过媒资管理服务器（应用服务器），该服务器同时承担媒资工作流程的推动和监管任务。

业务支撑平台的应用服务承担媒资系统内外的素材和节目检索。制作和播出系统可通过WEB检索页面对媒资系统内的内容进行检索查询，并对检索到的内容实现选择性打点回迁。媒资系统内嵌全文检索引擎，用户可对关键字进行彻底的查询，也可采用通常的数据库参量检索。除了采用WEB页面检索方式之外，检索发布模块还提供Web Service服务接口，业务系统可将媒资的检索服务集成到自身的界面中。

业务支撑平台的媒体处理服务承担整个媒资系统内部的媒体文件处理任务，包括素材整理、关键帧抽取、素材转码和低码流文件生成、播出格式文件封装等多项任务，媒体处理服务器根据媒资管理服务器的任务调度执行媒体处理任务。

媒资上载模块作为专用的资料上载功能模块，提供全面的节目上载功能支持。系统的媒资工作站作为通用媒资终端，根据不同角色的登录可承担编目任务分配、著录、分层编目、编目审核、编目信息发布等全部编目相关工作。媒资系统需要通过主干系统与全台各业务系统互联互通，实现全台资料归档、回迁任务。音视频资料上载是将媒体介质（传统磁带、光盘、XDCAM等）中的视音频数据通过视音频采集、文件引入等多种方式上载到网络系统中，实现资料的数字化。通过资料审核程序，管理人员可以对即将入库的素材和简单编目元数据进行质量、内容的审核，是进行媒资入库质量控制的重要手段。

媒资管理是对媒资内素材管理的窗口，借助于检索查找素材，对检索到的素材进行元数据编辑、存储管理、数据挖掘、业务管理、资料引入等操作。媒体资产管理中心需要采用B/S模式访问，为应用的部署和维护带来极大的便利，用户使用IE浏览器就可完成对检索发布模块的媒资管理门户的访问；实现用户界面自定义、集成信息展示，一站式浏览，为用户提高工作效率。

第三章　电视节目的制作和播出

第一节　电视节目的录制与制作

一、电视节目

(一)电视节目的表现形式

电视节目的画面由一个个镜头组成,其中包括了屏幕上各种可视的形式,如影像、图表、字幕等等。音响是电视观众通过喇叭听到的所有成分的统称。这些成分大体包括解说词、效果声、音乐和歌曲,如果是电影或电视剧,那么还可能有旁白、对白等等。

(二)电视节目分类

1. 电视新闻节目

电视新闻的格式可以多种多样:有以镜头画面表达内容为主的电视画面新闻,有镜头为辅、解说词为主的解说词新闻,有播音员读稿的电视口播新闻,有屏幕上出现图案和图表的图案新闻,还有干脆以文字形式出现的文字电视新闻,其格式的多样性恰恰体现了电视传播的多样化特点。

2. 电视专题节目

这一类型的节目内容十分广泛,围绕着一个特定的题目或者针对某个专门的内容所展开的报道和讨论,都是专题节目。节目的形式多种多样,长度以每集不超过10min为宜。可以在一个专门栏目内将其一个个项目依次播出。

3. 实况直播节目

这种类型的电视节目包括时事政治实况,剧场文艺演出实况和体育比赛实况。通常这类节目场面大,时效性强,播出的时间较长,节目本身或有欣赏和娱乐的特点,或有很强的新闻属性。

4. 电视剧与电影

虽然电视与电影有着一些差别,但是在观众的心目中往往是把它们放在同一类节目之中的。以故事情节或矛盾冲突为主线,利用银幕形象着意刻画人物的个性,揭示和表现深刻的主题思想,这是电视节目与电影共同的属性;不同之处主要在于电视与电影两种技术手段的不同,还有制作所需的经费和周期不同等。

5. 电视广告

广告节目无论是形式或内容都可称得上是一类完全不同的节目形式。广告的目的性很强,常常自然或不自然地诱发观众产生一种将信将疑的逆反心理。因此,国外商业电视台制作广告,常常从趣味性、人情味及产生好感、美感等方面入手进行商品电视广告的构思,进而提高电视节目的质量。电视广告为了博得最大的收视率,往往以巧妙的构思,精湛的拍摄技巧,逼真的动画设计,高超的表演,夸张的解说,再配上悦耳的音乐,给人以强烈的印象,消除或冲淡观众的戒备心理,使广告确保其效用。

6. 综合节目

选定一名或多名深受观众喜爱的人物来当节目主持人,参加晚会的人员既是演员,又是观众。电视观众还可以通过电话、短信和微信与晚会现场联系,直接点播节目,为节目增添了生动随意、亲切活泼的气氛。

7. 教育节目

所有的电视节目就其社会效益而论，都有着一定的教育意义。这里所说的教育节目，是指利用电视广播举办的种种专业或普及性、定向性的科技、文化教育性节目。

二、电视的像素与清晰度

以我国现行的电视为例，一帧电视画面由625行电视扫描线组成，也就是共有625条像素行。因此，可以认为由垂直方向看，可以排成625个像素。电视画面的长宽之比是4：3，由此可以计算出每行有833个像素，同时也可以算出一帧完整的电视画面有52万个像素。这52万个像素决定了今天电视清晰度的极限。

高清晰度电视（HDTV, High Definition Television）是一种电视业务下的新型产品。高清电视需要满足以下几个条件：首先高清电视的物理分辨率，即屏幕上像素点的数目要达到或者超过显示内容的分辨率，目前高清标准中有720p、1 080i和1 080p，要满足高清电视条件，其垂直方向上的分辨率必须要超过720，因此无论是等离子电视、液晶电视还是微显背投，其垂直分辨率都要超过720（例如1 024×768, 1 280×768, 1 366×768, 1 920×1 080等）才能满足高清电视的要求。其次高清标准要求电视屏幕的长宽比为16：9，传统的4：3比例的电视虽然可以显示16：9内容，但图像要经过压缩调整，不能成为高清电视。真正的高清电视需要内置高清数字调谐器，不过目前国内由于相关标准还没有确定，不能对此提出要求，市场上的高清电视产品有些还无法内置高清数字调谐器。最后高清电视要显示高清内容必须配备DVI或者HDMI数字多媒体接口，才能接播高清视频播放设备。

三、摄像机最基本的分类方式及使用

(一)按功能应用分类

摄像机从功能应用方面可以分为广播级、业务级、家用级三个级别。

1. 广播级摄像机

用于广播电视播出，也就是我们通常说的电视台节目。因为广播电视节目播出需要反复进行编、解码，为了保持画质，所以对画面质量要求很高。对于摄像机而言，必须满足以下要求：3片2/3英寸的CCD是最基本的要求。画面分辨率最少750线。低照度最少要0.3以下。广播级根据需求又可以分为新闻专题类摄像机、电视剧类摄像机及数字电影摄像机。

2. 业务级摄像机

用于新闻、活动记录。主要用于企业、个人服务。再简单地说就是"小高清"或"小高清记录"两种类型。业务级摄像机的主要特点就是"手动、自动"两种拍摄模式。基本思路就是：使用自动功能，可以满足不会摄像的人；使用手动功能，可以让专业人员进行有效的画面控制。

3. 家用级摄像机

特点是供家庭出游记录拍摄用。CMOS芯片小于1/3，镜头小型化，光学变焦能力小，数字变焦强大。防抖能力强大，基本是全自动操作。

(二)按画幅分辨率分类

从画幅分辨率方面分类有两个类型：标清与高清。

1. 标清格式

特点是拍摄的画面格式为分辨率720×576。无论是广播级摄像机, 还是业务级摄像机、家用级摄像机, 只要是分辨率720×576就都是标清。

2. 高清格式

特点是拍摄的画面格式为分辨率1 920×1 080。无论是广播级摄像机, 还是业务级摄像机、家用级摄像机, 只要是分辨率1 920×1 080就都是高清。高清、标清只是一个画幅, 是两个不同的标准, 并不代表画面质量。

四、电视画面的构成

电视画面既是时间艺术又是空间艺术, 缺少时间的连续性和空间的虚拟再现, 电视画面与就失去了存在的意义。电视画面的屏幕显示、平面造型、框架结构三个方面构成了电视画面特定的空间形态和特性。电视画面不仅占有一定的空间, 呈现出一定的空间形态, 同时, 它还要占有一定的时间, 并呈现出一定的时间形态。电视画面的时间和空间是结合在一起的, 具有单向性、连续性及同步传输等功能。

五、电视画面拍摄的技术要求

电视画面拍摄的技术要求力求稳定、流畅、到位, 电视画面的光、色还原应力求真实、准确, 电视画面表现的时空信息应清晰、准确, 简明而集中, 注意同期声的采录。

六、电视摄影造型的手段

电视画面的表现元素是多种多样的, 通常情况下, 主要包括电视画面景别、拍摄方向、拍摄角度, 它们的统一运用、共同组构而形成电视画面的特定语汇，构架和完善了电视画面自身系统的规律性和艺术性。只有真正认识并正确运用电视摄像的三个基本造型要素，才能完成符合电视艺术特色和要求的画面造型表现。

七、电视景别

电视景别分为远景、全景、中景、近景及特写。电视景别的作用：远景和全景景别的变化带来的是视点的变化，它能通过摄像造型达到满足观众从不同视距、不同视角全面观看被摄体的心理要求。中景的变化是实现造型意图、形成节奏变化的因素之一。在电视画面的造型表现和画面镜头中，不同景别体现出不同的造型意图，不同景别的组接则形成了视角节奏的变化。近景和特写的变化使画面被摄主体的范围变化，具有更加明确的指向性，从而形成画面内容表达、主题诉求和信息传递的不同侧重和各自意蕴。

八、拍摄角度

拍摄角度包括垂直平面角度（拍摄高度）和水平平面角度（拍摄方向）。摄像高度是指摄像机镜头与被摄主体在垂直平面上的相对位置或说相对高度。这种高度的相对变化形成了三种不同的情况：当摄像机镜头与被摄主体高度持平时，称为平角或平摄；当摄像机高于被摄主体向下拍摄时，称为俯角或俯摄；当镜头低于被摄对象向上拍摄时，称为仰角或仰摄。这三种拍摄高度具有各自不同的造型效果和感情色彩。平拍指摄像机的高度与被摄对象基本处于一条水平线上，符合人们观察事物的习惯，是使用最多、最常用的一种拍摄角度。主要拍摄中近景和特写，利于表现主观镜头感情色彩：平等、客观、公正。俯拍指摄像机的高度高于被摄对象，是一种现实生活中比较少见的视角。仰拍是摄像机低于被摄主体的视平线向上进行的拍摄，一般用于突出被摄物体，如拍摄天空及高大建筑物。

九、镜头的拍摄及应注意的问题

推镜头应有其明确的表现意义，推镜头的重点是落幅；推镜头应有明确的目标，始终注意保持主体在画面结构中心的位置。拉摄是摄像机逐渐远离被摄主体，或变动镜头焦距（从长焦调至广角）使画面框架由近至远与主体拉开距离的拍摄方法。拉镜头形成视觉后移效果，使被摄主体由大变小，周围环境由小变大。摇镜头犹如人们转动头部环顾四周或将视线由一点移向另一点的视觉效果。一个完整的摇镜头包括起幅、摇动、落幅三个相互连贯的部分。一个摇镜头从起幅到落幅的运动过程，迫使观众不断调整自己的视觉注意力。跟镜头能够连续而详尽地表现运动中的被摄主体，它既能突出主体，又能交代主体的运动方向、速度、体态及其与环境的关系。跟镜头跟随被摄对象一起运动，形成一种运动的主体不变，静止的背景变化的造型效果，有利于通过人物引出环境。从人物背后跟随拍摄的跟镜头，由于观众与被摄人物视点的统一，可以表现出一种主观性镜头。跟镜头对人物、事件、场面的跟随记录表现方式，在纪实性节目和新闻节目的拍摄中有着重要的纪实性意义。

第二节　非线性编辑

非线性编辑是相对于线性编辑而言的。非线性编辑直接从计算机的硬盘中以帧或文件的方式迅速、准确地存取素材，进行编辑。它是以计算机为平台的专用设备,可以实现多种传统电视制作设备的功能。编辑时,素材的长短和顺序可以不按照制作的长短和顺序的先后进行。对素材可以随意地改变顺序,随意地缩短或加长某一段。

从电视技术发展方向来看,电视系统的全面数字化是一个总的发展方向。计算机技术的发展,促进了多媒体技术的高速发展。计算机技术渗入了电视节目制作的每一角落,将很多新的概念和思想带到电视制作领域里,使传统的节目制作方法、节目传输和播出发生了很大变化。电视制作向数字过渡,必须首先从其核心部分引入非线性编辑系统。

非线性编辑系统由计算机平台,视(音)频捕捉、处理和回放的图像卡(声卡)及编辑、特技、动画、字幕软件三部分组成。用一台计算机替代了编辑机、特技机、字幕机、调音台、二维及三维动画创作系统等诸多设备。

首先我们回顾一下非线性编辑系统的产生、发展历史。用剪辑电影胶片的方式来编辑磁带节目,一直是电视编辑工作者梦寐以求的目标。早在20世纪80年代初,先驱者用几十台放像机通过一个多路开关对一台录机下载素材,以做到从任何一台放机取任何一段素材编辑成普通新带,这就是电视非线性编辑的雏形。虽然原始而笨拙,但却建立了非线性编辑的新概念。20世纪90年代初,视频码率压缩技术的标准化和多媒体计算机的兴起,迎来了用非线性编辑方式编辑电视节目的春天。随着数字化技术的不断发展和在各个行业的广泛应用,在20世纪90年代中期,非线性编辑出现在我们身边,并得到迅速发展。所谓非线性编辑就是对视频素材不按照原来的顺序和长短,随意进行编排、剪辑的方式,制作完成以后的节目可以任意改变其中某个段落长度或者插入删除其他段落。

　　非线性编辑中的"非线性"是从物理意义上描述数字硬盘信息存储的样式。我们知道文件在硬盘上可以按任意顺序访问，因此我们可以使用非线性编辑按想要的任何顺序对素材编排序列，在节目的任意点上编辑并对其进行更改，随时在序列的任何部分剪切、粘贴、添加和删除素材。非线性编辑时间线中的片段是指向源文件的指针，而不是实际的源文件本身。因此非线性编辑中的几乎所有工具和功能都是非破坏性的。非线性编辑的素材是以数字信号的形式存入到计算机硬盘中的，采集的时候，一般用分量采入，或用SDI采入，信号基本上没有衰减。并且非线性编辑的素材采集采用的是数字压缩技术，采用不同的压缩比，可以得到相应不同质量的图像信号，即图像信号的质量是可以控制的。

　　非线性编辑带给专业编辑人员的可能不仅仅是一个编辑工具，而是一种工作方式和理念的根本改变。各个电台、电视台都已经将非线性编辑用于后期制作，以加速节目制作的数字化进程，这就意味着编辑人员要担负更多的责任，掌握更多的技术。如果一个专业编辑只能对素材运用基本剪辑技术进行剪切、修改，而不能提供实时特效、实时视频、动画图形、音频的多数据流，那么他的职业生涯将面临着新技术的威胁。

一、非线性编辑系统构成

　　非线性编辑系统由非线性编辑卡、计算机及编辑软件等部分构成。视频卡是非线性编辑系统的核心部件。一台普通微机加上视频卡和编辑软件就能构成一个基本的非线性编辑系统。它的性能指标从根本上决定着非线性编辑系统质量的好坏。许多视频卡已不再是单纯的视频处理器件,它们集视音频信号的实时采集、压缩、解压缩、回放于一体。一块卡就能完成视音频信号处理的全过程,具有很高的性能价格比。

早期的非线性编辑系统大多选择MAC平台,这是由于早先MAC与PC机相比,在交互和多媒体方面有着较大的优势,但是随着PC技术的不断发展,PC机的性能和市场上的优势反而越来越大。非线性编辑系统所用的硬盘不同于普通硬盘,它要求硬盘的速度较高,且要求其容量较大。随着计算机硬件的飞速发展,非线性编辑软件的发展也在加快,非线性编辑系统的软件及计算机硬件均得到长足的发展。

二、非线性编辑常见格式

(一)AVI 格式(Audio Video Interleave)

这是一种为多媒体和Windows应用程序广泛支持的视音频格式,它是由Microsoft公司开发的。目前AVI文件格式在非线性编辑系统中应用最为广泛。

(二)TGA 文件序列(Targa Sequence)

这是Truevision公司开发的位图文件格式。一个TGA 格式静态图片序列可看成视频文件,每个文件对应影片中的每一帧,目前国内大多数非线性编辑系统只能识别24位的TGA文件。

(三)F/F 文件格式

FLC/FLI文件格式是Au2todesk公司在其出品的3D Studio MAX, Autodesk Animator, Animator Pro等2D/3D动画制作软件中采用的彩色动画文件格式,属于8bit动画文件,尺寸较小。

（四）MQ 文件格式

MOV/QT文件格式是苹果（Apple）公司推出的一种视频文件格式，可用Quick Time播放器播放。现已被包括Apple Mac OS和Windows 95/98、NT、2000、XP在内的所有主流PC机平台支持。Quick Time因具有跨平台、存储空间小等技术特点，得到了世界的广泛认可。

（五）RM 文件格式

这是Real Networks公司开发的一种新型流式视频文件格式，此格式文件尺寸小，适合网络发布，因此得到迅速推广。目前国内电视台正在兴起的网上直播大多采用这种格式。非线性编辑系统中增加一块RM实时编码板可产生实时的RM视频文件流，此格式的文件可用Real Play播放器播放。

（六）MPEG 格式

这是运动图像压缩算法的国际标准，已被所有PC机平台支持，包括MPEG-1、MPEG-2、MPEG-4等在内的多种视频格式。VCD、SVCD、DVD都是MPEG技术产生出来的新型消费类产品。

三、非线性编辑优势

从非线性编辑系统的作用来看，它能集录像机、数字特技机、编辑机、多轨录音机、调音台、MIDI创作、时基等设备于一身，几乎涵盖了所有的传统后期制作设备。这种高度集成的特性，使得非线性编辑系统的优势更为明显。概括地说，非线性编辑系统具有信号质量高、制作水平高、节约投资、保护投资、网络化这些方面的优越性。

信号质量高，使用传统的录像带编辑节目，素材磁带要磨损多次，而机械磨损也是不可弥补的。另外，为了制作特技效果，还必须

"翻版"，每"翻版"一次，就会造成一次信号损失。最终，为了质量的考虑，往往不得不忍痛割爱，放弃一些很好的艺术构思和处理手法。而在非线性编辑系统中，这些缺陷是不存在的，无论如何处理或者编辑、拷贝多少次，信号质量将是始终如一的。当然，由于信号的压缩与解压缩编码，多少存在一些质量损失，但与"翻版"相比，损失大大减小。一般情况下，采集信号的质量损失小于转录损失的一半。由于系统只需要一次采集和一次输出，非线性编辑系统能保证得到相当于第二版质量的节目带，而使用传统线性编辑系统，绝不可能有这么高的信号质量。

制作水平高，使用传统的编辑方法，为制作一个十来分钟的节目，往往要面对长达四五十分钟的素材带，反复进行审阅比较，然后将所选择的镜头编辑组接，并进行必要的转场、特技处理。这其中包含大量的机械重复劳动。而在非线性编辑系统中，大量的素材都存储在硬盘上，可以随时调用，不必费时费力地逐帧寻找。素材的搜索极其容易，不用像传统的编辑机那样来回倒带，用鼠标拖动一个滑块，能在瞬间找到需要的那一帧画面，搜索、打点易如反掌。整个编辑过程就像文字处理一样，既灵活又方便。同时，多种多样、花样翻新、可自由组合的特技方式，使制作的节目丰富多彩，将制作水平提高到了一个新的层次。

影视制作水平的提高，总是对设备不断地提出新的要求，这一矛盾在传统编辑系统中很难解决，因为这需要不断投资。而使用非线性编辑系统，则能较好地解决这一矛盾。非线性编辑系统所采用的是易于升级的开放式结构，支持许多第三方的硬件、软件，通常功能的增加只需要通过软件的升级就能实现。

网络化是计算机的一大发展趋势，非线性编辑系统可充分利用网络方便地传输数码视频,实现资源共享,还可利用网络上的计算机协同创作,对于数码视频资源的管理、查询更是易如反掌。在一些电视台中,非线性编辑系统都在利用网络发挥着更大的作用。

第三节　高标清电视播出系统

一、概述

2009年国家广播电影电视总局发布了《广电总局关于促进高标清电视发展的通知(〔2009〕58号),CCTV–1 等9个卫视频道于2009年9月28日开始高/标清同播,这标志着我国大规模发展高标清电视进入了实质性阶段。同时,广播影视事业发展步入"十二五"规划,根据广电总局有关精神,从2009年到2015年是由标清向高清过渡的重要阶段。

在初期,一般的广播电视台根据台内整体发展规划,构建二到三个频道高标清信号自动化、智能化安全同播(即系统同时输出高质量的二路高清信号以及二路标清)。其中二路标清信号的播出方式采用高清素材下变换的方式,确保高清和标清信号质量。

播出系统确保文件的兼容性和应急状态下功能互备性。播出系统数据库配置2台,主备数据库采用双机热备份软件实现数据库的镜像同步,保证安全播出需求。保证上载的节目及广告串编节目等素材迁移到二级存储系统,再由二级存储系统迁移到主备播出视频服务器进行播出。具备通过人工任务指定也可将上载工作站上载的素材直接迁移到主备播出视频服务器的功能。

系统搭建完成后能够与台内非编制作系统、媒资系统等方便灵活地互相交换共享素材，实现多个频道标清播出、二级存储、高清播出系统间文件互传，以减少上载次数，减少录像机磨损并提高工效。

（一）广播电视台电视播出系统建设设计目标

广播电视台数字播控系统的设计目标是实现台内数频道的数字化硬盘播出，构架安全、可靠、灵活的智能播控系统。采用高标清嵌入式HD-SDI/SD-SDI的信号格式。整个系统应满足台内多种信号的调度、分配，系统软硬件采用先进、科学、可靠的技术，并有很强的系统兼容性和可扩展性，配置灵活、易于操作、便于应急、维护方便。整个数字化硬盘播出系统无单一溃点，系统的技术指标应达到国家广电总局规定的广播级标准。

播出系统整体规划需满足：实现多个频道高标清数字硬盘播出系统，构建文件化送播系统，系统设计合理，能够为台内频道播出、媒体发布的扩展留出空间和余地，采用总控+分控+硬盘播出的总体架构。

硬盘系统规划需满足：上载与播出分离，采用主+备的可靠播出方式，主备服务器采用分布式架构，建立播出节目二级存储系统，具备上载、自动技审功能完善的播出流程控制与管理。

（二）播总控系统建设设计原则

1.统一性原则

首先，要将应用服务器系统、视音频系统和软件控制系统作为一个整体来考虑。所设计的系统无论在流程上还是在功能上都应很好地与全台节目生产管理系统融为一体。

2.安全性原则

播出安全性的保障是每个播出系统在设计时最需要解决的关键问题。基于硬盘的播出系统，硬盘作为最关键、使用最为频繁、几乎是唯一的播出节目源，要充分考虑播出服务器的播出安全、上载节目的正确、节目素材的存储安全、素材迁移的安全等等。除此之外，视音频系统的安全与备份也要充分考虑。软件系统要有完备的安全机制与报警措施。系统设计还要平衡备份与简洁、清晰的关系。

3. 高效率原则

高效率的业务处理是流程顺畅的保证，为了提高节目送播效率、技审效率等，系统设计中需要结合云计算等先进技术进行节目的高效技审、转码处理，并提供业务的状态报告。

4. 高质量原则

在全程文件化网络制播的模式下，为了保证技术质量，根据播出业务模式和特点，合理确定媒体文件编码格式、封装格式，在数据流程的关键环节采用合理的质量审核措施，实时对信号和文件的内容与质量进行自动和手动的监控与调整。

5. 实用性原则

做到一切面向应用，由应用的实际需求层层下溯，从网络、存储、主机、软件等各个方面对播出系统规模进行量化，设计出实用的系统。

6. 方便性原则

如何让使用者得到最大方便并且符合台内播出人员原有的操作习惯是一个系统人机工程方面要考虑的重要指标。系统应设计完善的备份机制，提供多种操作简易的应急处理方式、友好的软件人机界面、清晰简化的操作流程，尽量贴合操作人员的习惯。

7. 可扩展性原则

考虑到系统适应未来、适应发展的需要，系统设计应具备可扩展性，且扩展不影响现有系统的正常使用。

8. 开放性原则

考虑在基于文件的网络化的体系架构下，播出网络系统应具备开放性，做好与台内制作网、电视剧编辑网等业务模块的互联互通，满足与生产网络支撑平台以及基础网络无缝链接的需求。

9. 高性能价格比原则

考虑在最大限度地保障安全播出的前提下，有效地控制系统购买成本，避免浪费是方案设计时必须予以考虑的问题。

10. 项目实施中先进的管理原则

在项目立项、方案确立、项目实施的过程中，充分引进项目管理、质量控制的先进管理方法，使项目能够按时、保质保量地完成。

二、硬盘部分设计

针对不同广播电视台播出系统，对需求和实际情况进行仔细的分析和研究，并且确定在保障系统安全播出的前提下，研究性价比高的解决方案，同时为系统的升级与扩展留出余地。

(一)设计要点

整个硬盘系统方案的设计重点如下：视频服务器部分采用播出视频服务器组成的主+备的分布式结构，播出视频服务器采用多级冗余备份机制（主备冗余、机器冗余、通道冗余），构架高度可靠的视频服务器硬盘播出系统。上载部分采用上载与播出分离的方式，设计多台高标清有卡上载工作站，提供多个高标清上载通道。支持手动、自动、定时、定长上载功能。采用嵌入式文件技审及MD5校验技术，保证素材上载的安全。采用互为主备的数据库服务器。安全可靠的网络架构，采用具有冗余热备份机制以太网络交换机。功能完善的播控系统软件，提供播控流程智能管理机制，完善的信号监看报警设计。

（二）播出视频服务器

视频服务器播出部分严格按照视频服务器主备冗余备份、播出通道备份的结构方式来设计，极大程度上确保了播出的安全。

视频服务器播出系统设计采用两台高标清视频服务器，完成3个高清频道的主备播出任务。每台视频服务器有4个播出通道，每个通道都支持AFD信息识别，进一步提高系统安全性。

系统音频采用嵌入方式，支持符合SMPTE标准的嵌入式数字音频信号的输入与输出。服务器端口配置四个千兆以太网接口，支持最短10帧长度的素材的播出。视频服务器管理界面便于操作、简洁明了。视频服务器可在不影响编解码工作的情况下重启FTP服务，支持SNMP协议。视频服务器系统所使用的本地存储阵列与视频服务器厂商原厂集成，确保性能的匹配性。

（三）节目上载工作站

硬盘播出系统中节目的上载是一个非常关键的环节。上载素材的高质量确保了播出的流畅和安全。本着保证播出安全、优质、高效的原则和前提，将所有参与播出的节目素材实时上载到二级存储阵列中，然后再高速迁移到播出视频服务器。节目上载的技术监看与审片，上载工作站每个上载通道不但均具备编解码功能，而且硬件支持对输入的上载信号源进行实时的信号监测功能。上载信号源一旦出现诸如黑场、静帧、音频超标、劣质画面的情况，上载工作站会将警告信息实时发送给操作人员预警，并提示是否重新上载此节目。对于节目信号源有问题的节目素材可以在上载的过程及时发现，及时处理，极大程度地保证了最终播出节目的质量和安全。

（四）数据库服务器

数据库服务器作为硬盘播出系统网络系统的数据中心，为系统运行提供整个播出系统数据的管理、支撑、查询和检索的功能，是系统最重要的设备之一。在实际中一般采用主+备数据库服务器架构。

数据库服务器配置专业数据库双机热备软件。软件同时安装在两台主机上，用于监视系统的状态，协调两台主机的工作，维护系统的可用性。它能侦测应用级系统软件、硬件发生的故障，及时地进行错误隔绝、恢复，以最低成本提供用户几乎不停顿的计算机作业环境。

（五）迁移调度管理及二级存储服务器

配置迁移管理服务器，共同完成播控系统的迁移任务均衡分配，任务管理，具有如下功能特点：

（1）分布式迁移策略，迁移模块包括迁移服务和迁移代理两部分，迁移服务严格依照节目单查询、分配迁移任务，迁移代理完成对素材的智能自动迁移，保证节目正常播出。

（2）迁移过程中嵌入有先进、精确的数字指纹MD5校验模块，可完全保证素材迁移完整性、成功率，支持断点续传功能。

（3）全局可依照迁移量开多点迁移代理模块，可实现多线程迁移、负载均衡、链路冗余迁移策略管理功能。

（4）完善素材迁移策略制定，包括二级存储和服务器之间的素材上传、素材下载、主备镜像存储同步、依照节目单自动维护过期素材、应急手动迁移任务等。

（5）完善的可追溯模块日志系统，方便迁移任务统计、日志查询。

（6）嵌入流程监控接口，可将迁移进度发布，配合全台监控系统中流程监控部分，使技术管理人员轻松掌控素材迁移进度。

（7）支持SNMP协议，可将设备运行状态发布，配合全台监控系统中设备监控部分，使技术管理人员轻松掌控设备运行状态。

二级存储在功能上已经涵盖了播出服务器近线存储功能，内容浏览（文件级审看）功能，向视频服务器传送媒体素材功能，完成二级存储媒体素材生命周期管理功能，以及实现与将来的新闻直播网、制作网及广告网的连接。

三、播出控制系统设计

（一）播出控制工作站功能特点

（1）各个频道自动播控工作站实现对相应频道应急录像机、主备分控矩阵，视频服务器的通道、主备键控器和字幕机等的自动控制，多个频道配置N+1备份的多台播控机完成播出控制工作，任意一台都作为其他播控的备份。

（2）主备自动播控工作站间采用跳线连接。备播控工作站实时自动检测主播控工作站的工作状态。当主自动播控工作站出现错误时，备份自动播控工作站可自动和手动接管控制权并同时发送报警信息。当主自动播控工作站恢复正常时，控制权可手动接管。

（3）播出控制工作站可以检测控制设备的状态，如发现设备出现故障，软件自动切换到应急备份信号源，最大限度地缩短误播时间，自动应急可以切换为手动控制，主播控机损坏或死机时备播控机自动接替切换台控制权并报警，硬盘主路损坏自动切换到硬盘备路并报警。

（4）系统中任意播控工作站均支持多格式数据备份，可以将数据库信息生成数据文件,也可以将数据文件恢复成数据库信息。发生网络故障时,播控工作站可以将数据文件拷贝到本机,使播出工作正常进行。

(5)播控机重新启动播出软件时,可以恢复播出现场,自动跳跃恢复故障所应用的时间间隔,按照原有的节目单继续自动播出。

(6)具有同步主备通道节目播放功能,在由于其他原因造成主备服务器播出不同步的时候,可以将不同步的画面向节目单编排的时间校准。

(7)为了保证播出所使用的所有硬盘节目不被意外删除和节目单不被意外改动,播出过程中可以锁定正在使用的节目单,则节目单和其中涉及的所有硬盘素材都不能被更改和删除,保证播出的正常使用。

(8)播控机具备完善的播出记录功能,可以将工作人员的操作记录、设备控制记录、设备检测记录等存储到系统日志文件和日志数据库中,只有具有相应管理权限的人员才能够对日志数据进行操作,并可以输出报表。

(二)播出控制系统

基于IP方式的协议使端口共享得以实现发控端与被控端之间的随意性,只要是能接受的、端口是绝对放开的、通讯间的协议是畅通的,它们就不受空间、位置等影响,可以与对方通讯上得到控制,端口与端口之间的转换也就非常简单、容易了。

在系统中,所有播出控制工作站可以方便地实现通过网络完成对视频服务器、录像机、切换器、键混、台标等的精确控制。正常播出情况下,播控机通过网络控制视频服务器实现精确到帧的节目播出,同时播控机通过服务器随时可以控制切换台、切换器以及应急录像机，在需要时准确地控制切换器切换到需要播出的通道，实现自动播出切换。

　　系统支持离线播出功能，即在播出控制服务器故障时，播出视频服务器仍然能够根据本地节目单进行播出，提高了系统的安全性。

四、软件部分的采用

　　广播电视台一般选用高标清系统播出软件系统的整体解决方案，充分确保播出系统安全、可靠、稳定运行。安全播出是电视台的生命线，是一切工作的重中之重。播控软件系统是播出功能实现的核心，它是维系电视台播出正常运转的最为重要的环节之一。

　　播控软件系统需具有安全、稳定、可靠、高质、高效的特点，软件系统充分考虑各种情况下的备份手段和应急措施，确保播出系统的安全播出。同时，选用播控软件可根据电视台的具体需求进行个性化定制开发，软件升级过程中不影响正常播出。

　　选用软件系统要具备以下主要特点：

　　（1）完全符合全台数字一体化网络架构设计，为将来全台网各个业务板块提供了合理、完善的互联互通接口，主要表现在：软件系统支持播出系统将来与各业务系统的媒体数据交换，支持多种交换形式；软件系统支持多种网络接入方式和文件传输协议；软件系统可以完成对媒体数据内容的处理；软件系统具有开放的体系架构，支持可持续发展。

　　（2）功能完善，稳定可靠。安全可靠地实现对播出系统设备的控制（播出视频服务器、切换台、切换器、字幕机、台标机、录像机、键控器等）。模块化的播控软件管理，包括编单、上载、审看、播出管理、统计、监控等模块。提供基于文件的节目自动技审功能,可检测上载过程中节目素材的加帧、黑场、彩底、彩条等问题。

五、播出全程监控系统

目前,随着技术的发展,播出、制作流程以安播监控为中心逐步向以预防为导向转变。随着广播电视日渐快速向数字化发展,节目内容越来越多,电视系统的网络规模越来越大,环境越来越复杂,人盯机的传统工作模式显然已经不能满足要求,人机分离的操作模式必然会成为数字化发展的一个重要趋势。播出安全一直是广电人最关心的,无人值守和播出安全怎样才能更好地融合,智能监测系统解决了这个难题。

智能监测系统是一个具有智能化、网络化、汇聚分析可视化的平台,通过在整个电视中心技术系统中部署多个监测点,采集实时的视音频信号状态、设备状态、电压电流(UPS)和温湿度等信息,进行汇聚、过滤、分析和直观展示,实现应急提示和分级报警提示等功能,帮助值班人员快速应急、正确处理,提高系统应急的效率。

中心播控机房建立统一的网络智能监测系统平台,它是基于SNMP协议的配置、管理、监测的平台,可以对播控系统中各种视频服务器、系列视音频处理模块、网络交换机、数据库、工作终端及第三方设备进行监控,对串口协议设备提供RS232-SNMP网关服务,实时显示设备状态,配置设备参数;在设备工作状态异常时提供可视化声讯报警并分析处理设备报警信息,提示工作人员发现设备故障及时处理,并可生成详细的操作日志、报警日志供以后设备维护使用。

系统实现涵盖播总控系统及播出全业务的智能化预警和监测

平台, 不仅能够对信号层、设备层进行监测, 还能够对业务流程、网络环境、电力环境、机房环境等进行全面、准确、实时监测, 并对采集的信息进行实时分析, 分级分类提醒。

作为播控系统的监测监管平台, 监测系统要具备极高的安全性, 所有环节的设计必须依托于安全稳定的首要原则, 包括网络安全、数据安全、设备安全、质量安全等。须建立完善、可靠的系统访问权限机制。操作员必须登录才能使用, 并且进行权限验证。另外, 为保护数据的安全, 必须设置备份与恢复机制。

系统应具备稳定的、成熟的先进技术, 对各种可能出现的情况做出相应的保护设计和备份设计。系统具有一定的检错、纠错能力, 在系统出现故障时, 应能够在较短的时间内恢复系统运行。

系统要采用模块化结构和开放式设计, 达到可以灵活构建的目的, 即增加新的模块或功能可以比较简单地加入原系统而不至于改动整个系统构架。

设计要具有前瞻性: 引进先进的管理思想, 根据需要对原有业务流程和组织机构进行重组, 坚持先进性与适用性相结合的原则, 符合技术发展的基本潮流。

考虑到系统的生命周期: 认真分析技术、设备、软件、系统的生命周期, 保证系统在生命周期内的可用性、可维护性。

系统具有灵活性: 能适应系统运行以后的局部变化, 以及今后整体发展的需要, 适应电视台未来事业发展、产业运营及技术发展的要求。

系统支持动态扩展: 要把电视台的当前需要与长远发展结合起来, 统筹规划, 突出重点, 量力而行, 务求实效。在发展过程中要统筹好系统升级和扩展的策略。在关键设备的选型上, 如存储和交换机等,需要考虑一定的余量;在软件功能上,具备一定的扩展修正能力,在不影响和中断录制系统运行的情况下,进行系统的平滑升级。

系统的完整性:全面考虑电视台面对市场和自身的各个部分与环节,构建一个全面完整的信息系统。系统要具备功能的完善性,对外提供快捷、友好的服务界面,突出用户使用的实用和友好性。设备操作要简单直观,易于操作,维护管理方便。

六、总控系统设计方案

(一)总控矩阵系统

在播出系统正常工作时,总控信号调度系统承担着对参与播出的各种视音频信号包括演播室信号、静止图像信号、录像机信号、外来信号、播控PGM及CLEAN信号的调度、处理、分配,并向播出频道分控系统输出信号的任务,有时甚至参与播出,作为频道播出的备份矩阵使用。根据不同广播电视台的技术特点,综合以往其他案例中总控调度矩阵系统的实施经验,对播出方案中的信号源、调度矩阵规模、控制面板、技术设备监控系统、信号监测系统、显示监看系统进行全面的考虑和设计。总控系统由基准和时钟同步系统、矩阵系统、周边设备系统、监看和提示(UMD)系统、卫星接收系统、设备监测监控报警系统和信号监测监控报警系统等部分构成。

总控系统承担的任务要求为播控系统提供用于各频道播出需要的信号,包括:中央一套信号、高标清卫星接收信号、高标清外来信号、其他用于播出的信号等;帧同步机调度,根据需要对帧同步路由进行相应的信号调度;高标清信号的上下变换处理,高标清信号的延时,频道播出净信号的调度,可用于节目回录;完成台内各子系统间电视信号互联互通;提供播出系统、演播室系统同步基准信号;提供播出系统、演播室GPS时钟信号。

(二)总控系统设计原则

总控系统设计遵循如下原则:

(1)安全可靠性:这是设计总控系统的首要原则,应着重于选择性能稳定可靠的硬件及一定的冗余设计,保证系统中不存在单一崩溃点。

(2)先进合理性:由于总控系统在投入使用后,在若干年内一般不允许进行结构性的改动,所以设计总控系统必须有一定的超前意识,应该顺应整个行业的发展趋势;让系统在将来若干年内还保持领先;同时在设计上要充分考虑使用方便,要与全台各部门工作流程和使用方式相符,最大限度减少信号传递环节和操作量。

(3)灵活扩展性:总控系统要在若干年内相对固定不变,对所选用的核心设备应具备一定的灵活扩充能力,如矩阵的路数、频道的扩充等,都应留有一定的扩展余地;同时考虑系统的调度灵活性,能充分而及时满足播出、信号交换、节目制作部门的需要。

(4)简洁性:总控系统在满足所有功能的情况下,应力求设计简明、逻辑结构清楚,系统设计得越简洁,播出的安全度就越高。

(三)总控同步与时钟系统设计

对于播出系统,同步是指各播出信号到达播控切换台(切换器)时所有信号的同步时基、相位均精确一致,且各项技术指标都符合广播级标准。由于进入总控的信号种类多,来源亦不同,因此必须分别加以处理。在系统中配置2台同步信号发生器及同步倒换器,构成主备倒换的结构,向系统中所有需要同步锁相的设备提供BB信号。

GPS同步时钟校时系统,同步时钟是指各子钟走时与主钟走时精确一致的时钟系统。在播控中心的内部,总控机房及各播控机房需要一个精确同步的时钟，以便实现播出时刻的准确性。在播出中心的周围，卫星接收站、微波机房、各演播厅也需要一个与播出中心时钟精确同步的时钟，以实现日常播出特别是现场直播的准时和协调。因此，同步时钟系统是保障安全播出的重要手段。为确保数字播出系统正常运行，本系统配置了GPS卫星时钟接收机，通过网络和时码分配器向所有需要校时的设备传送时码校时信号。

七、频道分控系统设计

(一)频道分控系统设计原则

分控系统规划为2个以上高清频道播出系统，满足安全、可靠的播出任务，具备稳定的、成熟的先进技术。考虑到今后高清播出的无缝升级。

为了提高安全播出的可靠性，各频道的设备不互相共享(各频道间设备不共用机箱等)，以减少频道间的相关性，尽可能避免相互影响。所有频道均应采用主/备通道结构，主/备通道的切换通过2选1进行倒换，主备通道路由是两个独立的信号路由；每个频道采用分别独立的视音频系统；主备切换处理的信号源完全相同；备路信号台标和字幕叠加信息与主路信号一致；主备路2×1倒换器具有断电旁通和行同步的功能，真正实现了系统无单一溃点。

全系统信号通路无单一崩溃点。避免因某一设备的故障而影响到整个系统的安全性，尽量缩小设备故障影响的范围。每个频道的监看屏幕墙直观、清晰地监看到所需要的各种源信号。因为播出字幕运用较多和较频繁，每个频道配置一台字幕机及一台上位机，并且各个播出频道的字幕机组成一个网络系统，进行统一的字幕管理、备份和发布。

各播出频道系统主要由信号源、信号处理系统、信号切换系统、信号显示系统、信号技术检测系统、智能监控系统、同步系统、通话系统、时钟显示系统组成。涵盖周边处理分配、播控切换、视音频监视测试、显示、字幕、同步、通话、时钟显示、智能监控、TALLY 等主要设备单元。

(二)频道分控系统设计

根据分控系统设计原则和要求,电视台播出系统分控部分主要完成多个频道高清节目播出。以主备视频服务器播出信号及频道硬盘服务器热备份信号为主要信号源,结合应急录像机信号、外来信号、矩阵调度信号、延时垫片信号、测试信号等作为各个频道的播出信号源。播出信号的监看考虑采用大屏幕多画面分割结合的方式实现。配置独立的台标和字幕系统,通过监控器实现台标字幕的混合。字幕系统设计为播出联动结构,播出系统可方便地对字幕系统进行控制。

八、互连云平台

(一)总体概述

随着技术科技的发展以及现有技术的实践应用,广电行业已进入全台网深化阶段,通过资源整合、生产方式转型、业务流程再造等,使台内各功能网络协同运行、互联互通、资源共享,推动新闻、制作、数字内容管理、播出、收录等单个业务板块向集约化、规模化发展。

全台全程文件化是广播电视的发展目标,随着云计算的成功应用,IT设备逐渐在广电领域深入,建设广电私有云已成为目前发展的必要手段,面向全媒体播出的云转码媒体文件整备系统因此应运而生。

对于全媒体播控中心来说，需要建立一个共享数据中心，可以直接读取来自各个制作网、媒资网的非编素材。云转码系统正是针对这个应用需求，通过接口集群接受非编迁移指令，调度系统把媒体文件分片交付云计算中心，然后通过聚合服务器形成指定播控文件格式，通过交互平台推送给相应播控平台。

目前电视台非编制作网络与播出节目平台网络的素材交互转码效率较低，高清素材转码效率普遍在2倍速，标清素材的转码效率普遍在5倍速，较低的转码效率成为电视台内节目素材交互一体化流程中的瓶颈，制约了整体节目制播流程的发展。新的全媒体云转码系统已能够提升转码效率达到高清素材10倍速，标清素材25倍速。

（二）云转码平台构成

构建高速的网络结构及高带宽存储，提供全台网充足的计算能力，使各功能网络能够便利地接入全台网，便于全台快速扩容和按需调拨是搭建云转码的基础平台。

全媒体云转码系统平台包含了云技审、云调度、云计算、云聚合、云迁移等几个业务模块。整体架构由以PaaS（平台即服务）、SaaS（软件即服务）、LaaS（基础设施即服务）三大服务模式为基础，支撑非编制作网络与播出节目平台网络素材交互的技审、迁移、转码，以及数据管理、流程监管。主要包括系统接口、云迁移转码、系统监管三大部分。

媒体调度云，完成非编成品素材的分段切片，并完成媒体的分发调度工作，将切片后的素材传递往媒体计算云。媒体调度云整体切片及分发通过SaaS发布往监管系统进行状态监管。

媒体计算云，进行切片素材的转码处理，利用LaaS平台的处理性能,分担处理素材的转码工作,将素材传递往媒体聚合云。媒体计算云处理进度实时反馈给媒体调度云,云内部自动完成任务均衡及故障接替,同时将云计算进度发布往监管系统进行状态监管。

媒体聚合云,将经过计算云处理过的素材切片进行聚合,形成最终完整文件,再通过传输平台将素材迁移到节目播出网络。聚合过程中将故障片段信息实时反馈到媒体计算云,进行素材的再申请,同时将云聚合进度发布往监管系统。

(三)云转码的实现过程

全媒体云转码系统平台的核心技术在于独有的分片式转码。通过把文件按照GOP整数倍分片,把片段分布到计算服务器集群做转码运算,转码后片段存储在聚合服务器缓存,通过片段识别技术把转码后数据聚合成媒体文件。根据转码任务来灵活部署(LaaS服务模式)计算服务器数量,从而可以均衡转码任务,提高转码效率,满足集团化转码需求。根据全媒体云转码系统,采用合适数量的计算服务器及聚合服务器可使素材从非编制作网络到播出网络达到转码效率最大化。

(四)云转码系统工作流程

各制作网非编素材经过节目交互平台路由把媒体文件迁移到云转码平台存储系统,首先经过云技审,通过技审的素材由转码调度系统建立转码任务分布到各个云转码计算中心,再通过云转码计算的分片、转码及审核后,聚合服务器把各个片段文件合成目标文件,最后根据转码任务目标安排自动启动迁移线程路由,到播出网络目标磁盘阵列。

第四章　微波与卫星技术

第一节　微波基础知识

一、微波与微波通信

　　微波是指频率在300MHz到300GHz（波长为1m到1mm）范围内的电磁波。微波通信是利用微波作为载波来携带信息并通过电波空间进行传输的一种无线通信方式，包括模拟微波通信和数字微波通信。与其他通信系统一样，微波通信都由模拟微波通信发展为数字微波通信。

　　微波通信是在社会发展中产生和逐步发展起来的，微波技术是第二次世界大战期间围绕着雷达的需要而出现的。微波技术由于具有通信容量大而投资费用省、建设速度快、安装方便和相对成本低、抗灾能力强等优点而得到迅速的发展。20世纪40年代到50年代产生了传输频带较宽，性能较稳定的模拟微波通信，成为长距离大容量地面干线无线传输的主要手段，其传输容量高达2 700路，而后逐步进入中容量乃至大容量数字微波传输。20世纪80年代中期以来，随着同步数字序列（SDH）在传输系统中的推广使用，数字微波通信进入了重要的发展时期。目前，单波道传输速率可达300Mbit/s以上。为了进一步提高数字微波系统的频谱利用率，使用了交叉极化传输、无损伤切换、分集接收、高速多状态的自适应编码调制解调等技术。

这些新技术的使用将进一步推动数字微波通信系统的发展。因此，数字微波通信和光纤通信、卫星通信一起被称为现代通信传输的三大支柱。

我国第一条微波中继通信线路是20世纪60年代初开始建立的，目前已试制成功2, 4, 6, 8, 11GHz等多个频段的各种容量的微波通信设备，并正在向数字化、智能化、综合化方向迅速发展。

二、微波通信的常用频段

微波既是一个很高的频率，同时也是一个很宽的频段，在微波通信中所使用的频率范围一般在1~40GHz。具体来讲，主要有以下几个频段：

L波段：1.0~2.0GHz；

C波段：4.0~8.0GHz；

S波段：2.0~4.0GHz；

X波段：8.0~12.4GHz；

Ku波段：12.4~18GHz；

K波段：18~26.5GHz。

三、微波的传播特性

微波除了具有电磁波的一般特性外，还具有一些自身的特性，主要有：

1. 视距传播特性

微波的特点和光有些相似，因为微波的波长较短，和周围物体的尺寸相比要小得多，即具有直线传播和在物体上产生显著反射的特性。因此，微波波束在自由空间中是以直线传播的，也称作视距传播。

2.极化特性

无线电波由随时间变化的电场和磁场组成,电场和磁场相互依存,相互转化,形成统一的时变电磁场体系。时变电磁场以波动的形式在空间存在和运动,因此称为电磁波或无线电波。无线电波具有一定的极化特性。极化的定义:迎着电磁波的传播方向,观察瞬间电场矢量端点所描绘的轨迹曲线。三种不同的极化形式:

(1)线极化是指电场矢量E的端点随时间t的变化轨迹保持在一条直线上,若这条直线与地面平行,则称为水平极化;若与地面垂直,则称为垂直极化。水平极化和垂直极化是相互正交的两个函数。

(2)圆极化是指电场矢量E的端点随时间t的变化轨迹为一个圆。左旋圆极化:电场矢量E的旋转变化方向为顺时针。右旋圆极化:电场矢量E的旋转变化方向为逆时针。左旋圆极化和右旋圆极化是两个彼此正交的函数。

(3)椭圆极化是极化波的一般形式,直线极化波和圆极化波都可以看作是椭圆极化波的特殊形式。由数学分析知,当两个函数正交时,两函数的相关系数为零,因此,在微波通信中常采用不同的极化方式来扩充系统容量或消除同频信号间的干扰。

四、数字微波通信的特点

1. 抗干扰能力强,线路噪声不积累

数字通信相对于模拟通信都有这个优点,数字信号的再生使数字微波中继通信的线路噪声不逐站积累。但是一旦干扰对数字信号造成了误码,则在以后的传输过程中被纠正过来的可能性很小,因此误码是逐站积累的。

2. 保密性强

主要表现在两个方面：一是数字信号易于加密，除了设备中已采用了扰码电路外，还可以根据要求加入相应的加密电路；二是微波通信中使用的天线方向性好，因此偏离微波射线方向是接收不到微波信号的。

3. 便于组成数字通信网

数字微波通信系统中传输的是数字信息，便于与各种数字通信网相连，并且可以用计算机控制各种信息的交换。

4. 设备体积小、功耗低

数字微波中继通信设备的体积小、功耗低主要表现在两个方面：一是因传输的是数字信号，因此设备中大量采用集成电路，使得设备的体积变小，电源的损耗降低；二是数字信号的抗干扰能力强，这样就可使微波设备的发信功率大都降至1W以下，从而使功放的体积变小、功耗下降。

5. 占用频带宽

这是数字通信相对于模拟通信的缺点。一路模拟电话通常占用4kHz带宽，而一路数字电话速率为64Kbit/s在理想情况下至少需要32kHz的传输带宽。因此，在同等传输带宽情况下，数字微波的传输容量要小于模拟微波。目前随着新的调制技术的发展以及频带压缩技术的应用，数字微波的这一不足正日趋得到改善。

五、微波通信的分类

微波通信共分四类，即地面微波中继通信、一点对多点微波通信、卫星通信和微波散射通信。

1. 地面微波中继通信

由微波的传播特性可知，微波波束在自由空间中是以直线传播的，但地球是一个两极稍扁、赤道略鼓的椭球体，地表面是个椭球面，两地距离大于视距（60km），就不能直接收到对方发来的微波信号了。另外，微波在空间传播过程中，能量要不断受到损耗，相位亦要发生变化。因此，对于微波通信，为了获得比较稳定的传输特性，点到点的传输距离不宜太远。为了实现地面上的远距离通信，就需要每隔50km左右设置一个微波中继站。中继站把前一站传来的信号经处理后转发到下一站去，直到终端站，构成一条中继通信线路。

地面微波中继通信的微波天线一般安装在铁塔上，铁塔高度应保证相邻两站的天线满足视距传播要求。在山区架设天线时，可适当利用地理条件，进行超视距中继通信，如可利用尖劈山头周围绕射障碍，获得绕射增益。但是一般以不超过100~150km为宜，否则由于信噪比过分减小而影响传输质量。

2. 一点对多点微波通信

一点对多点微波通信系统是一种分布式的无线电系统，它是在空间从一点到多点传输信息。这种系统有中心站（基地台）和次级站（用户）组成的通信网络。基地台应构成覆盖360°方向的圆形无线区域，而用户一侧只要设置一个面对基地台方向的小型定向天线，就很容易地建立起通信线路。每个用户站可以分配十几或数十个电话用户，在必要时还可通过中继站延伸至数百千米外的用户使用。

3. 卫星通信

卫星通信是利用人造地球卫星作为中继的微波通信。它与地面光纤通信相比，最大的优点是无须埋设光缆，可以直接跨过群山、海洋进行远距离通信。

4. 微波散射通信

微波散射通信是指"对流层散射通信""流星余迹通信"等，是利用高层大气的不均匀性或流星的余迹对电波的散射作用而达到超过视距的通信。

第二节　卫星电视接收

一、卫星电视接收方式

地球同步卫星分为同步轨道静止卫星、倾斜轨道同步卫星和极地轨道同步卫星。当同步轨道卫星轨道面的倾角为0°，即卫星在地球赤道上空运行时，由于运行方向与地球自转方向相同，运行周期又与地球同步，人们从地球上仰望，卫星仿佛悬挂在太空静止不动，因此，把0°倾角的同步轨道称作静止轨道，在静止轨道上运行的卫星称作静止卫星。

数字卫星电视是近几年迅速发展起来的，利用地球同步卫星将数字编码压缩的电视信号传输到用户端的一种广播电视形式。主要有两种方式：一种方式是将数字电视信号传送到有线电视前端，再由有线电视台转换成模拟电视信号传送到用户家中。这种形式已经在世界各国普及应用多年。另一种方式是将数字电视信号直接传送到用户家中，即Direct to Home（DTH）方式。由于DTH方式卫星电视发射功率大，可用较小的天线接收，普通家庭即可使用。同时，可以直接提供对用户授权和加密管理，开展数字电视、按次付费电视（PPV）、高清晰度电视等类型的先进电视服务，不受中间环节限制。此外，DTH方式还可以开展许多电视服务之外的其他数字信息服务,如INTERNET高速下载、互动电视等。

DTH在国际上存在两大标准:欧洲标准DVB-S和美国标准Digi Cipher。DVB标准逐渐在全球广泛应用,后起的美国DTH公司Dish Network也采用了DVB标准。一个典型的DTH系统由六个部分组成:

1. 前端系统

前端系统主要由视频音频压缩编码器、复用器等组成。前端系统主要任务是将电视信号进行数字编码压缩,利用统计复用技术,在有限的卫星转发器频带上传送更多的节目。DTH按MPEG-2标准对视频音频信号进行压缩,用动态统计复用技术,可在一个27MHz的转发器上传送多达10套的电视节目。

2. 传输和上行系统

传输和上行系统包括从前端到上行站的通信设备及上行设备。传输方式主要有中频传输和数字基带传输两种。

3. 卫星

DTH系统中采用大功率的直播卫星或通讯卫星。由于技术和造价等原因,有些DTH系统采用大功率通讯卫星,美国和加拿大的DTH公司采用了更为适宜的专用大功率直播卫星(DBS)。

4. 用户管理系统

用户管理系统是DTH系统的心脏,主要完成下列功能:登记和管理用户资料,购买和包装节目,制定节目计费标准及对用户进行收费,市场预测和营销。

用户管理系统主要由用户信息和节目信息的数据库管理系统,以及解答用户问题、提供多种客户服务的Call Center构成。

5. 条件接收系统(CA)

条件接收系统有两项主要功能:对节目数据加密,对节目和用户进行授权。

目前国际上DTH系统所采用的条件接收系统主要有：美国NDS，以色列Irdeto，法国Via Access，瑞士Nagra Vision等。

6. 用户接收系统（IRD）

DTH用户接收系统由一个小型的碟形卫星接收天线（Dish）和综合接收解码器（IRD）及智能卡（Smart Card）组成。

IRD负责四项主要功能：解码节目数据流，并输出到电视机中；利用智能卡中的密钥（Key）进行解密；接收并处理各种用户命令；下载并运行各种应用软件。

二、卫星电视接收机的组成

卫星电视接收机是指将卫星降频器LNB输出信号转换为音频视频信号或者射频信号的电子设备。模拟卫星电视接收机接收的是模拟信号，目前因为大部分信号均已经数字化，基本已经绝迹。数字卫星电视接收机接收的是数字信号，是目前比较常用的接收机，又分插卡数字机、免费机、高清机等。

一台最基本的卫星电视接收机，通常应包括以下几个部分：电子调谐选台器、中频放大与解调器、图像信号处理器、伴音信号解调器、前面板指示器、电源电路。插卡数字机还包括卡片接口电路等。

1. 电子调谐选台器

其主要功能是从950~1 450MHz的输入信号中选出所要接收的某一电视频道的频率，并将它变换成固定的第二中频频率（通常为479.5MHz），送给中频放大与解调器。

2. 中频AGC放大与解调器

它将输入的固定第二中频信号滤波、放大后，再进行频率解调，得到包含图像和伴音信号在内的复合基带信号, 同时还输出一个能够表征输入信号大小的直流分量送给电平指示电路。

3. 图像信号处理器

它从复合基带信号中分离出视频信号, 并经过去加重、能量去扩散和极性变换等一系列处理之后, 将图像信号还原并输出。

4. 伴音信号解调器

它从复合基带信号中分离出伴音副载波信号, 并将它放大、解调后得到伴音信号。

5. 面板指示器

它将中频放大解调器送来的直流电平信号进一步放大后, 用指针式电平表、发光二极管陈列式电平表或数码显示器来显示接收机输入信号的强弱和品质。

6. 电源电路

它将市电经变压、整流、稳压后得到多组低压直流稳压电源, 为本机各部分及室外单元(高频头)供电。

三、数字卫星接收机的种类

我们国内的卫星电视全都是数字传输的。自从中星9号发射使用以来, 国内机顶盒企业发展蒸蒸日上。数字卫星电视接收器的种类, 有免费卫星电视接收器、条件卫星电视接收器、数字工程机、组合一体机, 还有数字卫星接收卡(盒)等等。

1. 免费卫星电视接收器

所谓"免费"和"条件"是针对它们接收的信号而言的。免费卫星电视接收器是接收免费卫视节目的, 免费的信号当然就是没有密码的, 可以随时接收。

2. 条件卫星电视接收器

条件卫星电视接收器比免费卫星电视接收器多了一套CAM系统，可以接收加密了的卫视节目。CAM是Conditional Access Module的缩写，是条件接收模块。CAM分两个部分，一部分是装在卫星电视接收器上的插卡座和驱动电路接口，还有相应的解密程序；另一部分就是接收卡。接收卡，就像过去网通的IC电话卡一样，也有相似的金属触点，接收卡插入卫星电视接收器的插卡座里，符合其中的解密程序，就可以收看电视节目了。

CAM的接口也不是一样的，按照接口的类型可以分为：普通机、专用机、免卡机、模块机等。

普通条件卫星电视接收器（CA）俗称卡机，它用的是普通的插卡座接口，加密系统的软件（Firmware）是安装在卫星电视接收器的FLASH ROM（快闪储存器）里的。有的卡机可以通过RS232串口和电脑连接，刷新安装系统的Firmware；也有在快闪储存器里安装两个、三个甚至多个系统的，所以又有双系统卡机、多系统卡机等。

专用机是专门接收某一颗卫星上的加密系统节目的卫星电视接收器。它的操作性差，但音视频性能很好，很稳定。

免卡机是把CAM设备预先安装在卫星电视接收器里，包括软件解密系统，不用插卡也能看加密的卫视节目。免卡机里有多个加密系统的信息，还有软解码程序，而且用收视卡能收到节目的Provider ID（运营商地址码）、Key ID（运营商ID码）、Key（8字节密码）等数据信息，也都写入卫星电视接收器里。收看加密节目的时候，卫星电视接收器只要调出相应的Key值解密就行了。

模块机是在卡机的基础上增加了PCMCIA标准电脑接口CI（公共接口）设备，就成了CI CAM。这个PCMCIA是独立的板块，可以在同一个卡机上换插很多种不同解密系统的模块,相当于很多种单系统卡机;但是没有模块的卡机,只是免费卫星电视接收器。

3.数字工程机

数字工程机是指在有线电视(CATV)工程前端系统里才用的数字卫星电视接收器。数字工程机的特殊功能有:图文接收功能,可以接收股票行情的图文信息;TS流输出功能,可以在接收免费卫视节目或配合CI卡接收加密卫视节目的同时,输出卫视节目的传输流(TS)和音视频信号,这就是广泛用于数字有线电视台的工程卫星电视接收器;邻频调制输出功能,把卫星电视接收器和邻频调制器合二为一,可以直接用在有线电视前端。

四、卫星接收系统的组成

卫星接收的其他部分还包括:馈源、高频头、卫星天线。

馈源又称波纹喇叭。主要功能有两个:一是将天线接收的电磁波信号收集起来,变换成信号电压,供给高频头;二是对接收的电磁波进行极化。

高频头又称低噪声降频器(LNB)。其内部电路包括低噪声变频器和下变频器,完成低噪声放大及变频功能,即把馈源输出的4GHz信号放大,再降频为950~2 150MHz第一中频信号。

卫星天线的种类,卫星天线通常由抛物面反射板与放置在抛物面凹面镜焦点处的馈源和高频头组成。KU频道多采用馈源一体化高频头。按馈源及高频头与抛物面的相对位置分类,有前馈式(又称中心馈源式)、偏馈式以及后馈式。前馈、偏馈式多用于接收,后馈式应用于发射。卫星接收天线的增益是重要参数之一,且增益与天线口径有关。口径越大,增益越高。天线的波束细如线状,要求天线的精度与表面平滑光洁度越高越好。一般的天线抛物面为板状及网状，显然板状抛物面比网状抛物面增益要高，而板状整体抛物面又比分瓣拼装抛物面增益要高。

第五章　新媒体建设

第一节　什么是新媒体

一、新媒体的定义

学界关于新媒体的定义众说纷纭，至今没有定论。例如美国《连线》杂志把新媒体定义为"所有人对所有人的传播"。而我国有学者把新媒体定义为"互动式数字化复合媒体"。前者侧重强调新媒体的功能特性，而后者侧重强调新媒体的技术特征。尽管关于新媒体的定义存在着文化习惯和理解偏好的差异，但在对象性认识和载体辨识上，新媒体与传统媒体之间实际上有着清晰的边界。相对于报刊、广播、电视、户外四大传统媒体介质和形态，新媒体被形象地称为"第五媒体"，是新的技术支撑体系下出现的新型媒体形态。新媒体与传统媒体的区分，并不在于出现时间不同，而在于传播方式和内容形态的不同。新媒体是指利用数字技术、网络技术和移动通信技术，通过互联网、宽带局域网、无线通信网和卫星等渠道，以电视、电脑和手机为主要输出终端，向用户提供视频、音频、语音数据服务、连线游戏、远程教育等集成信息和娱乐服务的所有新的传播手段或传播形式的总称，包括"新兴媒体"，也包括"新型媒体"。

二、新媒体的种类

目前我国已出现的新媒体形态多达数十种，比较热门的有：网络媒体（网站、电子邮件报刊、电子公告板……）、手机媒体（短信、彩信、游戏、手机电视、手机电台、手机报纸、微信及微博等）、数字电视、直播卫星电视、移动电视、IPTV、网络电视、楼宇视屏、户外大屏幕、网上即时通信、虚拟社区、博客、播客、搜索引擎、简易聚合（RSS）等等，其中既有新媒体形态，也有不少属于新媒介硬件、新媒介软件，或者新的媒体经营模式。从信息传播的角度，公众接触最多、对政府公共管理影响最大的新媒体主要有两类：一类是以互联网为信息传播载体的新媒体，简称网络媒体，例如门户网站、博客、网络论坛等；一类是以手机为连接终端的新媒体，简称手机媒体，例如手机短信、手机电视微信及微博等等。随着"三网融合"技术的日趋成熟和政策推动，新媒体的物理和内容差异日趋模糊，发展呈现出明显的融合趋势。

三、新媒体的特点

1. 超媒体性

超媒体性是指在多种媒体中非线性地组织和呈现信息。依靠数字技术对多媒介信息的整合，新媒体可以为信息使用者提供文本、图片、声音、影像等多媒体信息，这些多媒体信息同样按照超文本的方式组织。

2. 交互性

交互性是新媒体区别于传统媒体的最突出特点。它包括两个含义：一是信息发送者和接收者之间的信息交流是双向的，二是参与个体在信息交流过程中都拥有控制权。作为大众传播媒介的报刊、广播、电影、电视，其信息的传播具有单向性，信息反馈不方便，交互性比较差。交互性则是新媒体最突出的优势之一。数字技术使新媒体中的信息采集、制作非常简单，信息交流的参与者可以利用文本输入系统（电脑与手机键盘、书写触摸屏等）、数码相机、数码摄像机轻易地制作、采集数字信息，有些新媒体如智能手机已经将文本输入、数码照相、摄影等信息采集技术与信息发送技术融为一体，使数字信息的采集、发送更加简易可行。网络（互联网和移动通信网络）的普及以及使用成本的降低又为人们提供了廉价的传播渠道。这就使任何拥有联网信息终端的个人可以是信息的接收者，也可以是发送者，真正实现了信息的双向交流。新媒体的超媒体性使参与者对信息交流过程具有平等的控制权，参与者可以依据自己的兴趣和需要选择性地交流信息。新媒体环境中，交流双方真正实现了信息的交互传播。

3. 超时空

历史上，每一种新媒体的出现都扩大了人类信息传播的地理范围，特别是广播、电视等电子媒体出现之后，信息可以借助电波传播至地球上的任何一个角落。新媒体利用连接全球电脑的互联网和通信卫星完全打破了地理区域的限制，只要有相应的信息接收设备，在地球的任何角落都可以接收到由新媒体传播的信息。另外，无线网络的发展，还使新媒体摆脱了有线网络的限制，用户可以随时随地地接收信息。新媒体大大缩短了信息交互传播的速度，甚至实现了信息的"零时间"即时传播。

4. 个性化信息服务

新媒体提供点对点的信息传播服务，使信息传播者可以针对不同的受众提供个性化的服务。新媒体环境下，信息终端在网络中都有一个固定的地址，如IP地址、手机号、电子邮箱地址、QQ号码等，信息传播者可以根据地址确定一个或多个受众向其传播特定信息。

5. 虚拟多样性

数字化信息以比特（"0"或"1"）的排列组合来表示和传播，人们可以方便地通过调整比特的排列来修改信息甚至制作虚拟的信息。利用各种软件，人们可以方便地毫无痕迹地修改文本、图片、声音、影像，也可以制作出逼真的虚拟信息。

6. 融合性

新媒体改变了以往某类传统媒体只能提供某种单一形态信息的特点，它将各种信息形态（文本、图片、动画、音频、视频）、各种传输渠道（固定网络、移动网络、卫星、地面）、各种接收终端（电脑、电视机、手机、PDA）整合在一起，将所有的信息站点与不同媒介的用户互联，保证用户可以在任何地方、通过任何终端进入新媒体网络，得到直接或间接的服务。新媒体的融合性还体现在它具有超强的消解力和沟通力：消解了传统媒体各形态（电视、广播、报纸、通信）之间，国家与国家之间，社群之间，产业之间，信息发送者与接收者之间的边界；沟通了以往泾渭分明的计算机、电信、大众化传媒业。

四、新媒体的作用

新媒体的国家发展战略性地位日益凸显。2012年5月，国务院召开常务会议研究部署推进信息化发展、保障信息安全工作。会议指出，以互联网为代表的信息技术在全球范围内带来了日益广泛而深刻的影响。加快推进信息化建设，建立健全信息安全保障体系，对于调整我国经济结构，转变发展方式，保障和改善民生，维护国家安全，具有重大意义。2012年7月，国务院印发《"十二五"国家战略性新兴产业发展规划》。新一代信息产业技术成为"十二五"期间我国战略性新兴产业的重要内容之一。

开启新媒介化政治时代，新媒体成为当代中国政治发展的加速器。媒介化的政治传播已经在当今民主政治和公共生活之中占据了核心地位。新媒体在当代政治生活中的核心地位则更为凸显。

新媒体重构新闻舆论传播格局。随着新媒体的快速扩张，我国新闻舆论的传播格局正在发生巨大变化，主要表现在新闻舆论传播格局的多元化、主流媒体的新媒体转型、新老主流媒体转向移动化传播、对外传播打造新媒体公共外交平台。

第二节　新媒体建设

基于广播电视台新媒体平台需求以及我国新媒体发展的要求的理解，新媒体的构建必须具有新媒体应用特征，面向未来，必须具备更合理的系统架构和更强的业务扩展能力。这些可以从以下三点来理解：要能够满足合理的流程规划，从内容聚集、处理到发布，必须有一整套解决方案，而且必须要考虑到不同的应用环境，不能是单一的业务流程。

从内容管理及处理流程上必须能够满足网络发展的需要，能够满足内容及应用在网站、手机终端等多渠道的传播。从系统的架构上能够对多种业务进行支持，能够实现对门户发布、社区应用以及更多的本地化应用形成架构上的支持与满足。在音视频业务的流程中重点要考虑最终用户体验，终端及码流自适应等功能实现最终用户浏览的良好体验。

一、新媒体建设平台设计

全媒体平台建设重点是基于广播电视台现有节目资源面向互联网开展新媒体业务,通过构建新媒体资源管理平台、内容管理发布平台、网络资源采集平台、音视频实时收录编辑平台、移动多媒体终端内容管理平台、虚拟展示平台等完成面向互联网的业务搭建,实现新媒体网络应用综合平台,最终实现业务系统升级及应用发布和管理。

系统建设应该基于安全、高效、实用、开放、扩展原则,充分利用各种先进的多媒体技术、存储技术和网络技术,为广播电视台新媒体业务提供一个媒体资产管理及网络化多平台发布的综合性数字化、智能化的网络新媒体平台系统。该系统由内容汇聚、转码、管理、智能化发布、多终端视频应用等多模块构成。

平台架构需在统一标准、统一技术构架基础之上,支持统一及分级管理和维护,耦合程度高,信息可以实现基于特定权限共享呈送。软件系统不限制用户并发数量,未来系统的并发流大规模增长时,系统的架构无须做任何变动,只需增加中心服务器和流媒体服务器即可平滑线性增长服务能力。

设计建设将以扩大传播范围、提升整体影响力为根本落脚点,以发展新媒体,创造新效益为总体目标。具体的要求包括:实现传统广播、电视内容的网络化,对电视播出内容进行收录、网络直播以及实现相关的点播业务。构建全媒体媒资管理平台,实现对音视频、图文、网络互动内容聚合和管理应用。构建多终端管理与发布平台,实现内容资源的跨媒体发布,实现对网站、手机终端以及互联网电视终端的业务覆盖。系统应实现信号源、视频、模版、用户、页面、发布等要素的统一管理，实现方便灵活的管控。

全媒体由以下几方面构成：

（1）音视频收录剪辑。用于自动或者手动收录视音频文件，进行发布和存储。同时基于实时的视频流进行快速编辑处理，拆条、多条合并、去广告，编辑精确到帧，并且支持实时在线的编辑发布。

（2）直播管理发布。用于实现直播、点播的管理，创建虚拟频道，手动或者自动实时切换各种直播流，可以实现覆盖播出或者无节目时垫片播出。通过统一的界面和权限管理以及监控，控制所有流媒体服务器的配置、状态、名称、承载频道等。用于全部媒体资源的整合、编辑、审核，网站的整体架构与内容管理，媒资文件的编目检索等。

（3）内容汇聚发布。具有灵活的内容组织方式，采用分布式部署支持大型集群应用，实现媒资资源的汇聚及发布能力。

（4）数据统计营销。能够对视频内容访问的数据进行单独的统计分析，可以按照栏目的方式进行访问数据统计，能够对访问来源的地域、用户属性等指标进行统计分析。

（5）用户交互。采用统一的用户认证、统一的用户关系处理（好友、关注、群组等）、统一的用户积分管理，可以基于SNS系统定制不同的应用。

全媒体平台技术架构设计如下图所示：

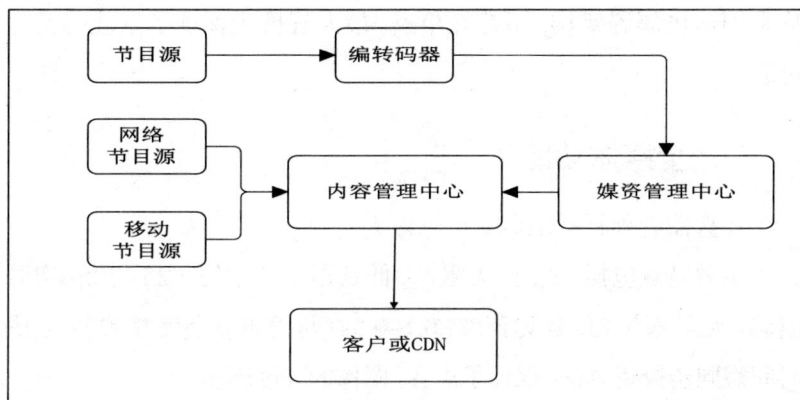

　　全媒体平台包含网站内容系统、视频采集和内容管理系统、视频直播和点播服务系统、移动终端多屏内容发布系统、网络和安全等部分。

　　平台围绕建设统一媒资系统，进行信息来源多渠道化建设，进行图文视音频综合门户建设。平台的存储核心在媒体资产共享平台，围绕这一媒资共享系统，前端由多种格式的素材收录、采集、入库；在管理平台上有编目、编辑、转码等各种操作；在后端结合多途径的发布系统，各个发布系统负责将对应格式的内容发布到自身负责的平台上。

　　系统制作多途径发布平台，在各个终端，如电视、电脑、手机、户内外公共信息屏幕等，通过网络这个途径，大家可以同时看到信息，从而达到全方位的覆盖；并且通过互动系统，用户可以从各个终端进行反馈，如从PC上提交反馈，从手机提交反馈，从IPTV提交反馈，真正实现随时随地、及时互动。

　　系统内网部署流媒体管理系统服务器、数据库服务器和转码服务器，外网部署页面和点播服务器、直播服务器和播客服务器，均采用双机部署架构，不存在单点，最大程度上保证了系统的安全可靠。

二、全媒体功能

1. 直播管理视频编码

主要特点包括：实时，无阻塞，低延迟，A/V同步；25~30fps实时编码，无阻塞架构；延迟范围：0.1~0.5s（与编码复杂度相关）；采用时间戳同步校正算法，保证了声音、图像的高度同步。

（1）支持从多种信号源采集；

（2）支持多路编码输出（包含Flash支持的所有codec）；

（3）高质量、高性能的H.264 AVC编码器。

基于直播管理系统可以对接入与输出流的灵活配置，实现一路流的多路分发、转发等功能。能够保证一路数字流的多种使用渠道（支持多个直播业务和收录业务，以及直播业务合作），能够大大提高流媒体业务的运行效率和降低运营成本。

2. 实时播出控制管理

直播管理系统能够对播出的直播业务进一步做相关的播出控制管理，如对电视直播进行电视剧等不具有网络版权的播出时段进行节目替换、对广告内容进行网络广告的替换等操作；也可以设定全局垫片。实时操作管理、实时生效，不需要进行服务重启，不会产生黑场情况。

3. 播控管理

直播管理系统内的播出控制管理模块是直播管理系统的核心模块，该模块能够实现对所有直播的管理与监控，可以实时对直播内容进行控制操作，无缝对直播信号切换、进行插入垫片等操作，严格保证播出安全。

4. 节目单管理

节目单管理是直播管理系统内针对定义节目排期管理的功能模块，将直播流与节目单结合实现较为良好的用户浏览体验，同时也可以进一步对节目单进行管理操作。实现通过对节目单的编排，对应节目单的导入、编辑，与后期的节目收录、时移功能相结合，提高用户收看、收听直播节目的用户体验。

5. 虚拟直播

虚拟直播功能是直播业务管理模块面向互联网直播应用的重要组件，通过虚拟直播功能能够独立发布互联网直播应用，构建网络音视频直播频道。

6. 临时直播

直播管理的临时直播管理功能用来创建临时直播，可以进行构建活动、访谈、会议等直播管理功能，满足台里的日常临时直播需求，可以配合活动现场快速部署，远程管理。

7. 时移管理

直播管理系统时移管理功能能够对直播管理内容进行至少7天（根据存储情况可以提供更多时长的回看功能）的节目内容存储，提供按照节目单、时间轴等多种方式的历史内容浏览。

8. 流转发管理

直播管理系统具有流转发功能，可以实现本项目关于流转发的功能需求，可以对接入与输出流灵活配置，实现一路流的多路分发、转发等功能。

9. 点播音视频转码

基于转码服务器构建的转码平台用来满足网络视频的点播需

求,音视频转码平台基于软件转码技术实现多服务器集群转码可以比较容易进行扩展,实现高效率应用。

10. 点播内容资源整合

内容管理平台能够实现对点播内容资源的灵活整合与汇聚,包括多种内容汇聚整合方式。

11. 点播视频管理与输出

媒体资源管理系统支持对点播内容的管理编辑与应用输出,支持对点播内容进行信息编辑、审核、发布等流程管理。

12. 点播音视频搜索

内容资源管理平台结合发布系统能够实现全方位的搜索应用,能够满足项目关于点播音视频的搜索功能。

13. 后台检索

管理后台通过构建搜索库使检索效率达到最高,可以定义多种查询模式。实现对视频、图文等多媒体数据的综合检索。

14. 收录编辑和实时智能收录

音视频实时收录编辑模块提供灵活的编辑界面,用于满足台里的节目剪辑发布。能够完成对基于高质量直播流的收录及后期处理,系统完全采用BS架构。智能收录编辑后的内容输出支持多种模式,包括单段文件的输出、多段合成输出等方式。能够很好地结合实际应用与CMS发布系统,完成收录编辑、合成输出、视频管理发布一整套业务流程。支持实时对音视频节目进行智能收录,在录制的同时,可配合媒体服务器进行视频直播。支持音视频预览功能,便于了解实时工作状态。

15. 拆条编辑功能和合成输出

拆条快编模块是基于在线的B/S结构能够实现对收录视频的进

一步处理,完成最终的成品内容输出,进行编辑完成后内容可以合成发布到内容管理系统进一步进行转码处理等流程,最终实现点播应用。

16. 播放器功能

支持无插件功能,能够在不安装任何第三方插件、播放器的前提下,完成节目的点播;支持多种(4∶3和16∶9)播放制式;播放器支持自定义大小设置;音量可以点击调节,支持静音,支持4倍音量放大;所有视频广告形式均支持图片/视频广告(png/jpg/swf/flv/mp4);所有广告形式均支持多个广告轮流或顺序播放。

三、媒资发布管理

全媒体平台将传统的CMS及VMS等应用功能集成到一个统一管理平台,系统级别的业务整合能够真正实现内容的快速流转及发布,真正意义上实现了全内容、全终端覆盖。

网络电视台的视频应用应该不是单一的视频来源,一般的视频来源就包括节目生产拆条内容、网友上传内容、播客内容等,这些内容不应该是不同系统来处理,而是由统一的媒资处理(转码、分发),统一的播放器,统一的管理审核,统一的内容库,这样才能高效率地完成视频业务的流程,也可以实现统一管理,统一广告分发等业务逻辑,实现内容价值的最大化。需要不同平台的多播放器自适应,结合播放终端的实现自动判断播放环境及网速实现播放内容匹配,创造良好的用户体验。具体管理功能包括:

1. 播放页应用功能

插入的播放器可以设定播放器载入时是播放状态还是暂停状态,默认显示视频缩略图也可以是具体关键帧;支持视频播放过程中的拖动和缩略图预览；支持视频相关分享功能，支持主流一键分享插件；点播与直播防盗链功能，结合播放器进行加密处理；支持常用的音频文件（wav、mp3、aac、mid）的相关功能。

2. 图片库、图片集管理发布

支持批量的图片上传，包括RAR、ZIP图片压缩包，上传方式可以通过批量文件选取或直接拖动方式实现；支持以幻灯片、图集的方式发布图片。

3. 可视化页面管理、专题管理

支持可以将具体的页面实现所见即所得的可视化视图管理方式，可以基于页面管理的方式实现对首页、封面页、专题页的页面内容进行维护和更新。专题的制作过程基于可视化功能平台完成，可以快速构建专题的框架、内容模块、内容来源。

4. 多站点统一管理

多站点统一管理可实现对网站群的配置，可实现多站点统一管理、权限统一分配、信息统一导航、信息统一搜索等。主网站与各子网站、子网站间的信息可以互相共享呈送，实现站点间的数据调度与交换。

5. 内容编辑管理与模板管理制作

全媒体平台具有非常丰富的内容编辑功能，能够灵活地对内容进行编辑、排版及流转，包括排序、修改等。全媒体平台模板管理站点管理及部署功能能够完全满足项目中对模板管理方面的技术要求。提供模板自建功能，满足用户不同风格的功能要求，支持页面风格变换及静态发布。

6. 社会化应用管理

社会性网络（Social Networking）是指基于个人之间的关系网络，

系统整合了SNS的应用思想，在系统内构件了基于用户关系及用户行为的网络应用。

实现用户统一的注册登录、用户关系处理（关注、好友等），内容的评论、分享及收藏；与其他SNS应用系统结合，比如通过API的方式可以用户QQ、新浪微博的用户身份登录参与交互，同时也可将内容分享到其他用户社区中（如新浪微博、腾讯微博等）等。

7. 微信管理

提供微信公众平台的管理，通过微信将内容分享给好友以及将用户看到的精彩内容分享到微信朋友圈。微信作为网站运营必不可少的工具在网站运营的过程中占有重要的地位。

8. 社交平台管理

社交平台是一个以好友关系为核心的交流网络，让站点用户可以用迷你博客记录生活中的点点滴滴，方便快捷地发布日志、上传图片，更可以十分方便地与其好友们一起分享信息、讨论感兴趣的话题，轻松快捷地了解好友最新动态。作为全媒体平台必不可少的一部分，在后期平台运营过程中有着非常重要的作用。

9. 日志功能

用户可以通过平台进行日志发布操作，还可以删除已发布的日志，以及对日志的访问者进行查看等。

10.相册功能

用户可以通过平台进行相册的建立和发布相片操作，可上传下载照片，以及对相册进行分类等。

11. 群组功能

作为一个SNS社区应用，具备了添加好友的功能，也可以在平台中建立群组，在群组之内可以讨论相关的话题。

12. 网站UI/UE设计

对网站UI/UE进行总体设计，着重突出本地特色，以良好的用户体验为根本，提供界面精美、易用性强的网站设计。实现网站双语浏览功能，并能够实现直播、点播、搜索、收藏、评论等主要功能。

第六章 调频发射机原理和维护

随着大功率场效应管开发和广泛应用,以及微带线技术制作的成熟,使全固态发射机成为目前广播电视发射系统的主流。全固态发射机以其高效、稳定、体积小、方便维护的特点取代了早期的电子管发射机。作为广播电视发射战线上的工程技术人员,掌握全固态发射机的相关原理和常规维护是保证今后正确使用和方便维护全固态发射机的关键。下面简单介绍一下全固态调频发射机的原理和维护。

第一节 调频广播的基础知识

由于音频信号对载波信号进行调制的方法不同,到目前为止,广播发射机的主要调制方式有两种,即调幅AM和调频FM。正是由于这两种不同的对音频的调制方法,才分有调频、中波和短波广播等,即调频台、高山调频机房和中波台等。同时,不同的调制方式,广播发射机的结构和工作原理各不相同。

调幅和调频方式的不同点,主要是用音频信号对载波信号进行调制的方法不同。调幅方式,就是把调制信号加到载波信号的振幅上,使载波信号的振幅大小随着调制信号的大小而变化。即经调幅调制后的载波信号的幅度随调制信号大小变化而变化,并且其调制深度是可以调节的,也就是平时我们所说的调制度。调制度反映了载波振幅被调制的程度,是随音频变化的。改变调制度的大小,实际上就是通过调节音频信号幅度的大小来实现。通常调制度为20%~100%;大于100%就是过调幅,过调幅会使调幅波的包络与调制信号不一样而产生失真。

调频方式,就是用音频信号改变载波信号的频率(或角频率),使载波的瞬时频率随着音频调制信号的变化而变化,即总相角随音频信号变化,而载波信号的幅度保持不变的调制过程。调频指数与调制信号的振幅成正比,与调制信号的角频率成反比。

由以上分析我们可以认识到调幅和调频两种调制方式的不同点,即调幅方式是用音频调制信号去改变载波信号的幅度,而保持载波信号频率不变的调制方法;调频方式是用音频调制信号改变载波信号的频率或角频率,而保持载波信号振幅不变的调制方法。另外,在对信号处理上,调频方式的调频指数随着频率的升高而减少,因此,调制音频的高端信噪比比较差。为解决调频发射机的这一缺点,采用了预加重和去加重技术来改善高端的信噪比。总起来说,调频广播与中波调幅广播相比,具有以下几个特点:

(1)动态范围宽。由于调制信号频率范围的不同,中波广播为了提高信号的响度,一般都采取措施提高平均调制度,因此动态范围小;而调频广播调制频率范围宽(50~15kHz),信噪比高,所以动态范围比较宽。

(2)信噪比好。由于调制方式不同,调幅信号容易受到外界寄生脉冲信号的干扰,叠加在广播信号的幅度上,难于消除;而调频信号是等幅的电波,可以采用限幅方式消除寄生信号的干扰,同时调频信号调制在超高频波段,调制度大,所以可实现高信噪比。

(3)不容易产生信号串扰现象。由于调幅电波和调频电波的传播方式不同，中波广播信号传输受到电离层、地面环境、天气变化等诸多因素的影响，信号变化较大，容易造成相近频率电台间的串扰；而调频广播采用视距传播，因此不会形成串扰。

第二节 全固态调频发射机原理

一、全固态调频发射机的基本结构

全固态调频发射机的基本结构如下图所示：

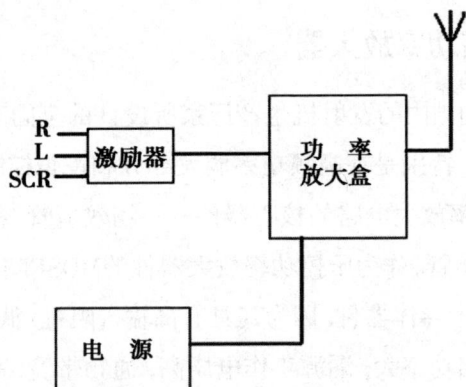

从结构方框图上看，全固态调频发射机的结构比较简单，主要由激励器、功放盒和电源三个部分组成。

激励器是整机中最重要的组成部分，其性能好坏直接影响着整个发射机播出信号质量的好坏。激励器主要作用是对信号进行处理和放大，然后输出足够大的射频（RF）信号到发射机的高频功率放大盒，因此，输出稳定的频率和稳定的功率是激励器的基本要求。

功率放大盒是全固态调频发射机的核心部位, 主要由功放模块、控制单元和检测单元组成。主要作用是将激励器送来的射频信号放大到发射机的额定功率值, 同时监测和控制整机的工作。监测控制电路部分各个厂家设计不同, 有些是采用中央处理器(CPU)进行自动监测控制, 有些则采用集成逻辑控制门电路进行控制。虽然作用相同, 但结构各异, 各有优缺点。

电源为整机供电。目前, 全固态发射机都基本上采用了多组开关电源供电, 这使发射机的效率和功率输出的稳定性都大大提高了。只有少数早期的全固态发射机还采用传统的电源供电。

二、高频功率放大器

目前, 我们国内的发射机生产厂家所设计的全固态调频发射机结构各不相同, 特别是在高频功率放大部分和逻辑控制电路部分。但作为高频功率放大电路的核心器件——场效应管, 都是采用大功率MOSFET晶体管。作为压控功率放大器件的MOSFET管, 是近年发展起来的新型半导体器件, 因为其具有高输入阻抗, 低输出阻抗, 功率增益高, 输出功率大; 漏源工作电压高, 通频带宽, 高频特性好, 线性好; 具有负温度参数, 温度稳定性好等优点而被广泛应用。同时, MOSFET管又具有对外界静电感应敏感, 容易造成栅极的绝缘层被击穿而损坏的缺点。对场效应管的保存和更换必须严格按要求操作, 否则容易造成管子的损坏。

(一)大功率场效应管

MOSFET晶体管的结构和工作原理如下图所示:

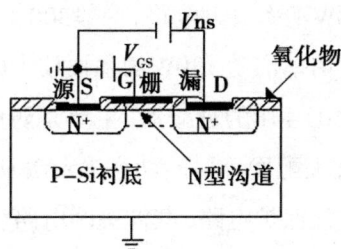

N沟道增强型MOSFET结构图

工作原理：当栅源电压$V_{GS}=0$时，两个N型区之间还没有形成沟道，由P型衬底隔开。因此，虽然漏极—源极间加有正电压，但还是无法形成电流，即$I_D=0$，所以管子处于截止状态。当栅源电压$V_{GS}>0$时，相当于栅压加在以氧化物（SiO_2）为介质、以栅极和P型衬底为两极的电容器上，在介质中产生一个由栅极指向P型衬底的电场。该电场排斥衬底中的空穴而吸收电子，随着V_{GS}的增大，形成的电子数量也增加，形成了N型沟道，这就是漏极—源极间的导电沟道。当V_{GS}达到MOSFET管的开启电压时，就会形成漏极电流I_D且漏极电流I_D随着栅压V_{GS}的增加而变大，实现了电压V_{GS}控制电流I_D的过程。

（二）高频功率放大电路

纵观全固态调频发射机高频功率放大电路的结构，可以说是大同小异，特别是核心部分的功率放大电路，基本上是采用预放大电路和末级放大电路，即30W预放大电路和300W末级放大电路，末级电路均采用双极型MOSFET对管，均工作在丙类状态，差别之处就是外围的监测保护电路。

1. 30W功率放大电路

作为整个高频功率放大器的前级推动，30W功率预放大电路主要是将激励器输出的射频信号放大到末级所需的功率，然后再去推动末级的4×300W功率放大电路。一般300W末级功率放大电路需要有2~3W的射频功率推动。30W功率预放大电路的射频输入端串接一个50Ω的(R40)4dB的衰减器,主要是防止过大激励信号的输入和防止由于阻抗失配而反射的功率串入激励器。包括自动增益控制(AGC)电路、过流保护电路、载波关断电路、电流扩展电路。

2. 300W末级功率放大电路

从具体的电路原理可以看出,300W末级功率放大电路要比30W预放大电路简单得多。其主要由输入匹配电路、300W场效应管、输出匹配电路和栅极偏置电路组成。

3. 输入、输出匹配电路

作为输入、输出的匹配网络,其主要起着滤除谐波分量和进行阻抗匹配两种作用。所以,要求匹配网络必须具备以下几个功能:所需要的信号应该无损耗地通过;对无用的杂散信号要有足够的抑制能力;在所需的整个工作频段内,保证信号源和负载相匹配。也就是说,匹配电路必须同时具备滤波即调谐电路和阻抗匹配电路两种功能。阻抗匹配电路,是指在变换负载阻抗使虚数部分与信号源阻抗的虚数部分相抵消,使电路呈现纯阻性,即按照电路要求呈实数阻值。只有信号源和负载阻抗匹配,即阻抗的实数部分相同,才能实现最大的功率传输。

4. F1A-1kW调频广播发射机

1.2kW功率放大器的结构和电路原理图如下:

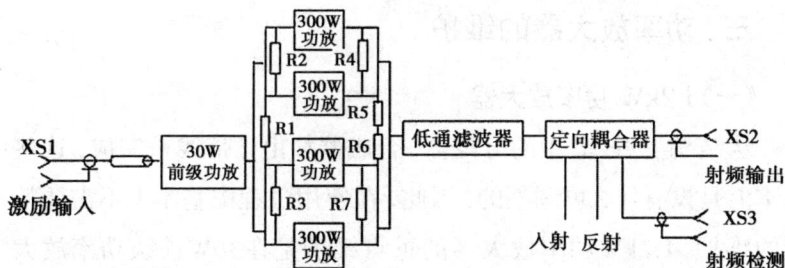

1.2kW功率放大器电路原理图

工作原理：激励信号输出的射频信号经一段同轴电缆送入30W前级预放大电路，放大后的射频信号功率经微带线分为4路功率分配器，4路幅度相同、相位相同的信号送给4个300W的末级功率放大电路。4块300W的末级功率放大电路工作于宽带和丙类状态下，在FM频段内改变频率时不需要进行调整就能满足输出的要求，在额定输出功率不小于1kW时，每个末级功放模块至少输出260W的功率。4路300W功率放大输出的4个幅度相等、相位相同的信号，经微带线4路功率合成，合成后的信号再经过一个低通滤波器和定向耦合器后输出至终端负载。定向耦合器另外输出3路信号，一路供射频检测，另外两路为入射、反射检测，然后送到控制单元。

5. 微带传输线

F1A-1kW全固态调频发射机功率放大器中的功率分配和功率合成均采用微带传输线的结构来完成，微带线具有与同轴线一样的传输特性，其阻抗与频率无关，只取决于它结构中的宽高比和介质材料。

三、功率放大器的维护

(一) 1.2kW 功率放大器

从结构上看,其中的分配器、合成器均由微带线来完成,这些基本上是没有什么可调整的,因此,在使用过程中基本上不需要特别的维护。1.2kW功率放大器的重点维护是在30W前级功率放大器和300W末级功率放大模块上,而30W前级功率放大器和300W末级放大器的维护多数是采用两种方法:一是更换整块30W或300W功放电路板;二是更换功放板上的元器件,尤其以更换功放管为多见。

(二) 更换功率放大管 BLF177 和 BLF278

由于功放管BLF177和BLF278容易被静电损坏,存放时应放在防静电的包装盒内或在各电极短路的情况下保存,在取用时严禁用手触摸,在更换安装时应在接地的工作面上操作。在平时维护中,要经常检查1.2kW功率放大器上的散热风机的运转是否正常,出现异常时要及时更换。定期清洁散热器肋片上的灰尘,保证良好的通风和散热,避免功率放大器过热而损坏。

第三节　全固态发射机常规维护办法

全固态发射机以其高效、稳定、体积小的显著特点代替了电子管发射机。目前,我国的中波、调频发射机已基本上完成了固态化更新和改造。面对新的设备,新的理论知识,如何更好地规范维护全固态发射机,使发射机正常运转,保证节目的安全播出,是设备维护者和机房管理者所需要熟悉和掌握的。现对全固态调频发射机的日常维

护及管理提出以下建议:

首先,必须熟悉全固态发射机的原理说明书。掌握发射机的工作原理,是保证正确使用发射机的基本要求。掌握日常的开关机步骤、信号转换操作,以及发射机预放大电路、放大电路和发射机的逻辑控制电路等等。使机房人员在理论上掌握全固态发射机的正确使用方法和电路的内部结构,熟练和掌握发射机原理在发射机日常维护和抢修过程中起着关键的指导作用。

其次,掌握发射机电路中关键点的正常电压值。在全固态调频发射机启用以来,发射机的故障多数出现在功率放大电路和逻辑控制电路中,而每次的检修都必须去测量电路中关键点电压,从而一步一步地分析和判断故障的部位。测量记录发射机三种状态(即准备、开机未加激励信号、开机加激励信号)下逻辑控制电路各逻辑门输入输出电压值,并整理作为发射机的技术资料保存,作为处理故障和每个季度发射机常规检测时的参考数据。

第三,全面细致做好发射机的周检维护工作。全固态发射机的维护量比电子管发射机维护量要少得多,每周的常规维护必不可少。主要是全固态发射机电路从电源到功率放大、逻辑控制等都基本上实现了晶体化、集成化,这些元器件能够使发射机具有高效、稳定的优点,同时,也表现出对供电电压不稳定,对周围环境的清洁度、温度和湿度的变化反应敏感的缺点。因此,对发射机的每周常规检查重点是要做好发射机外部的清洁卫生和检查触点接点、元器件变化等,保证发射机的散热系统清洁和外围线路的正常。如检查机房内空调机和抽风机的进风口和出风口是否清洁,各接线、焊点是否接触良好,所有轴流风机运行是否正常,功放盒以外的元器件是否有异常,稳压器是否能给发射机提供稳定的工作电压等。保持全固态发射机运行环境清洁，机房内的温度保持在23℃左右为最佳。

第四，要备足容易损坏的元器件和备件，特别是一些专用器件，如功率放大用的场效应管、固态继电器、电源稳压器件等。备用元器件要由专人保管，特别是功放管要注意存放好，最好存放在防静电的包装盒内，或在各极短路的情况下保存。在更换功放管时，要严格按照操作规程进行操作，以防静电击穿损坏管子。保证元器件损坏时能够及时更换，避免由于元器件的缺乏造成长时间停播。

第七章　地面数字电视技术

第一节　地面数字电视概述

地面数字电视是数字电视技术的一种,即通过接收电视塔发出的地面数字电视信号,收看电视节目。对于电视机方面,需要具备地面数字电视信号接收能力,如果是老式模拟电视,也可以通过专用的机顶盒接收,然后转换成模拟信号连接到电视机上。

在中国内地,大部分市民是通过城市有线电视网收看数字电视,地面数字电视主要面向没有网络覆盖的城郊、乡村等地区,以及移动终端如车载数字电视和手机。2008年1月1日,央视高清频道开始试播,这代表着中国无线地面数字电视信号发展的开始。

地面数字电视具有以下优点:

(1)高信息容量:为HDTV节目提供大于24Mb/s的单信道码率。

(2)高度灵活的操作模式:通过选择不同的调制方式和地址信息,系统能够支持固定、便携、步行或高速移动接收。

(3)高度灵活的频率规划和覆盖区域:使用单频网和同频道覆盖扩展器/缝隙填充器的概念,通过选择不同保护间隔的工作模式可构建16km和36km覆盖范围的单频网。

(4)支持不同的应用:HDTV、SDTV、数据广播、互联网、消息传送等。

（5）支持多个传送/网络协议，例如 MPEG-2 和 IP 协议集。易于与其他的广播和通信系统连接。

（6）在 OFDM 调制系统（TDS-OFDM）中实现了先进的信道编码和时域信道估计/同步方案，降低了系统 C/N 门限，以便降低发射功率，从而减少对现有模拟电视节目的干扰。

（7）支持便携终端低功耗模式。

（8）支持多种工作模式，传输速率可选5.414~32.486Mbps，调制方式可选QPSK，16QAM，64QAM，保护间隔可选55.6，125ms，内码码率可选0.4，0.6，0.8。

第二节　国家地面数字电视广播覆盖网发展规划

为贯彻党的十七届六中全会精神，通过推进广播电视数字化促进广播影视大发展大繁荣，全面加强广播电视公共服务能力建设，加快构建技术先进、传输快捷、覆盖广泛的广播电视传输覆盖新体系。在我国地面电视广播由模拟向数字过渡时期，特制定本规划。

一、推进地面数字电视发展的重要性和必要性

地面电视是广播电视传输覆盖网的重要组成部分，是各级政府提供广播电视公共服务的主要手段，是广大人民群众获取新闻信息、享受精神文化生活的重要渠道。经过几十年的建设和发展，我国地面电视从无到有，逐步发展壮大，到2011年底，全国拥有电视转播发射台15 397座，电视发射机30 082部，总发射功率13 960kW，无线电视综合覆盖率达94.52%，电视机社会拥有量超过5亿台。地面电视广播覆盖全国城乡，其网络规模和覆盖人口位居世界前列，影响与

作用日益增强。

随着科技的进步与人民生活水平的不断提高，广播电视数字化已成为发展的必然趋势，地面电视向数字化迈进已摆上重要日程。加快推进地面数字电视发展，对于巩固和拓展党的宣传文化阵地，提高广播电视公共服务的质量和水平，满足人民群众日益增长的精神文化需求，拉动相关产业发展，具有十分重要的意义。目前，我国已发布实施强制性地面数字电视国家标准，各项配套标准加快完善，数字电视产业不断壮大，全国地面数字电视覆盖网进一步拓展，大力发展地面数字电视的条件已经具备，加快推进地面数字电视发展，加紧建设各级电视节目的地面数字电视广播覆盖网络，促进广播电视大发展大繁荣已成为当前一项重要而紧迫的任务。

二、指导思想、基本原则、发展目标和规划思路

（一）指导思想

坚持以邓小平理论和"三个代表"重要思想为指导，深入贯彻落实科学发展观，按照国家公共文化服务的要求，为全民免费提供地面广播电视服务。全面推进地面广播电视数字化，实现传播手段的创新，加快构建传输快捷、覆盖广泛、内容丰富的全国各级电视节目地面数字电视广播覆盖网。不断提高地面广播电视公共服务的能力和水平，进一步提升公共服务的节目数量和收视质量，切实维护人民群众的收视权益，推动我国地面数字电视又好又快发展，促进社会主义文化大发展大繁荣。

（二）基本原则

按照中央提出的"公益性、基本性、均等性、便利性"的要求，地面数字电视广播的发展要为全民免费提供广播电视服务，不断提高

公共服务的质量和水平。

坚持全国统一规划,实行分级建设,分阶段逐步实施;坚持共用共享,充分利用现有无线台站资源;坚持"模数同播"和等效覆盖,优先将现有地面模拟电视节目以地面数字电视方式同时播出,保证现有节目的地面数字电视覆盖范围不低于模拟电视;鼓励在开展直播卫星公共服务的地区使用地面数字电视方式播出本地电视节目。

模拟电视向数字电视转换完成后,原有模拟电视频道主要用于继续免费提供高清、3D等其他更多电视节目的地面数字电视方式覆盖。

(三)发展目标

到2020年,全国地面数字电视广播覆盖网基本建成,提供中央电视台第一套、第七套和本省第一套、本地第一套电视节目等高清、标清公共服务节目,地面数字电视综合覆盖率基本达到现有模拟电视覆盖水平,地面数字电视接收机基本普及,更多的中央、本省、本地农业科教类电视节目和少数民族语言节目等其他电视节目进入地面电视频道,通过高、标清方式为城乡广大人民群众提供多套高质量的节目,公共服务水平得到较大提升。地面模拟电视信号停止播出,地面电视实现由模拟到数字的战略转型。

(四)规划思路

发展地面数字电视,要以基本公共服务为出发点,统筹城市与农村,统筹东、中、西部地区,统筹高清电视与标清电视,并且综合考虑各套节目的覆盖范围、接收终端普及程度以及覆盖网建设等相关因素,围绕到2020年实现地面电视由模拟技术体制转为数字技术体制的总目标,按照以下思路有计划分阶段地积极推进。

　　第一,优先发展广播电视公共服务,兼顾移动电视。地面数字电视覆盖主要用于传输基本公共服务的电视节目,满足广大群众固定接收的要求,同时也可兼顾移动电视服务。按照中央、省、市、县的顺序,首先安排纳入中央广播电视节目无线覆盖工程的中央第一套、第七套和本省第一套、本地第一套以及中央新闻频道等公共服务节目。在开展直播卫星公共服务的地区,在频率资源允许的情况下,可利用地面数字电视优先播出本地电视节目,不断丰富当地广播电视基本公共服务的形式和内容。

　　第二,优先开展模数同播,积极开展高清电视服务,尽快将现有地面模拟电视频道以地面数字电视方式同时播出。在技术标准上,地面数字电视节目信源编码采用国家标准。鉴于现有地面模拟电视用户均为固定接收用户,本规划主要要满足固定接收,高、标清节目同播的接收质量,采用较高码率的工作模式。同时,加快推广高效编码技术。

　　第三,分区域、分阶段推进规划的实施。按照大、中、小城市及农村的顺序分阶段推进规划的实施,同时也鼓励在有条件的地区,先行开展地面数字电视服务。

　　在覆盖网建设上,首先进行与电视节目模数同播的基本覆盖,再进行地面数字电视广播覆盖网络优化工作,优化完成后,保证地面数字电视的覆盖范围不低于本地现有地面模拟电视广播水平。

　　第四,规划实施后逐步实现地面电视数字化。在完成地面数字电视规划的基础上,综合分析地面数字电视覆盖和接收的有关情况,在确保公共服务质量和水平的前提下,分区域、分节目、分阶段逐步关闭地面模拟电视信号。

　　地面模拟电视向数字电视转换完成、模拟电视信号关闭后,原有模拟电视频道主要用于提供更多的高清、3D地面数字电视公共服务，以及中央、本省、本地农业科教类电视节目和少数民族语言节目等其他更多电视节目。

三、地面数字电视覆盖网的总体规划

地面数字电视覆盖网总体规划的目标就是要在全国各地构建中央和省、地市、县电视节目地面数字电视广播覆盖网络，利用全国广播电视无线覆盖的发射台站进行覆盖，并且新增部分单频网发射站点补充扩大覆盖，使地面数字电视的人口覆盖率达到或超过现有模拟电视的覆盖水平，在2020年前逐步完成全国城乡地面数字电视的覆盖任务。具体规划如下：

（1）中央电视节目的规划。在全国中央广播电视节目无线覆盖网的2 474个电视发射台站各规划一至两个数字电视频道，播出中央电视台第一套高、标清节目及中央电视台第七套和新闻频道标清节目。

（2）省、地市电视节目的规划。可在各地规划一个数字电视频道，播出经批准的本地电视节目，在不具备新增电视频道的地区，可与中央节目共用一个数字频道，同时播出省第一套、地市第一套标清电视节目电视频道。少数民族地区，在频率资源允许的情况下，可另规划一个数字频道，播出经批准的本地少数民族语言电视节目。

（3）县级电视节目的规划。经批准采用无线方式传输自办电视业务的县级广播电视台在本地区地面数字电视接收终端普及后，其自办电视业务使用的频道经批准可由模拟转换为数字频道。

（4）其他类电视节目的规划。完成模拟电视向数字化转换的地区，原有模拟电视频道经批准可用于播出其他高清和标清数字电视节目。

（5）在频率资源紧张的地区，可停止中央电视台第一套、第七套和本省第一套、本地第一套电视节目以外的模拟频道，用于播出数字电视节目。

四、推进步骤

要稳步推进地面电视数字化转换，既要逐步增加地面数字电视覆盖范围和节目数量，又要大力推动并普及地面数字电视接收机，确保人民群众的基本收视权益不因技术体制的转换而受到影响，直至最终关闭地面模拟电视信号，实现地面模拟电视转换为地面数字电视。截至目前，全国各地级以上城市已建成了一个地面数字电视发射频道，以高、标清方式播出中央电视台第一套高清节目、第七套标清节目以及本省第一套、本地第一套标清电视节目，国内非国家标准的地面数字电视系统，已基本转换为国家标准。

在此基础上，分三步继续推动有关工作，计划分为以下三个步骤：

第一步：2013—2015年，争取在全国县级（含）以上城镇以高、标清方式播出地面数字电视，并逐步开始优化省会城市以及地市和县的覆盖网络。

从2015年开始，当全国地级（含）以上城市的中央电视台第一套、第七套和本省第一套、本地第一套地面数字电视同播节目的人口覆盖率达到模拟电视的水平且地面数字电视接收机基本普及后，逐步停播地面数字电视服务区内的模拟电视发射（本地还没有同播的模拟电视可直接转换成数字电视）。

第二步：到2018年底，全国地级（含）以上城市地面电视完成向数字化过渡。全国县级（含）以上城镇的中央电视台第一套、第七套和本省第一套、本地第一套地面数字电视同播节目人口覆盖率达到模拟电视的水平且地面数字电视接收机基本普及后，开始逐步停播模拟电视。

第三步：到2020年底，全面完善地面数字电视广播覆盖网，当全国中央电视台第一套、第七套和本省第一套、本地第一套地面数字电视同播节目人口覆盖率达到模拟电视的水平且地面数字电视接收机基本普及后，全面关闭地面模拟电视信号，完成地面电视向数字化过渡。

五、保障措施

（一）各级政府加大资金投入

根据国办发〔2006〕79号文件精神，按照分级负责原则，中央、省、市、县各级政府分别负责解决转播本级广播电视节目的无线发射转播台站的机房和设备的更新改造资金和运行维护经费。中央节目地面数字电视广播覆盖网按照统一规划、统一建设、统一技术平台、统一运行管理的要求，由国家出资，广电总局组织工程建设。省、市、县节目地面数字电视广播覆盖网在全国统一规划的基础上，分别由省、市、县政府出资，当地广电部门组织建设。中央及地方各级政府分级负责广播电视的覆盖任务，保障安全播出，建设覆盖广泛的地面数字电视网络，并积极鼓励人民群众更新具备接收地面数字电视信号的电视机，不断提高公共服务的水平和质量。

（二）加强政策扶持

国家有关部门出台政策扶持地面数字电视覆盖网建设，在城镇建设、规划等方面予以支持。同时，为保证公共服务，我国地面模拟电视向数字电视过渡期间采用模拟与数字同播、标清与高清同播的方式，考虑到在同播期间需要补充大量的电视频道进行过渡，需要国家加大对新增数字电视频道资源的扶持力度。

(三)加强管理、保证服务质量

地面数字电视广播覆盖网技术和建设方案应符合安全播出管理的要求。同时，按照地面数字电视广播覆盖网建设和监测网建设并重并举的原则，同步建设监测网，保证安全播出和服务质量，保障地面数字电视广播覆盖网长期高效运行。

广播电视部门适时公布地面数字电视覆盖范围、播出节目数量和时间，相关部门适时公布地面数字电视接收机普及率。

第三节　地面数字电视设备技术参数

一、地面数字电视系统前端设备技术参数

地面数字电视技术要求适用于符合国标（GB 20600—2006）的地面数字电视前端设备的技术规范，并用于出厂验收和现场验收。

设备配套的操作和应用软件应为正版，编码前端采用MPEG-2编码，采用ASI、IP双信号输出；编码复用器必须能够通过管理计算机进行管理；前端系统其他设备，也必须通过管理计算机进行管理。技术指标均应符合相应的国家标准或国际标准，设备应操作方便，性能稳定，工作可靠，维修简单，安全性好且不污染环境及危害人体健康。

(一)参照标准

GB 20600—2006 数字电视地面广播传输系统帧结构、信道编

码和调制；

GY/T 229.1—2008 地面数字电视广播单频网适配器技术要求和测量方法；

GY/T 229.2—2008 地面数字电视广播激励器技术要求和测量方法；

GB/T 14433—93 彩色电视广播覆盖网技术规定；

GY/Z 174—2001 数字电视广播业务信息规范；

《地面数字电视发射机技术要求和测量方法》；

《地面数字电视传输流复用和接口技术规范》。

(二) 数字编码复用器

(1) 符合MPEG-2和DVB国内相关标准的规定, 符合国家广播电影电视总局入网检测标准, 提供所供设备检测报告与入网证书；

(2) 具有8路以上模拟复合视频输入接口, 接口类型为BNC, 阻抗75Ω；

(3) 具有8路以上音频输入接口, 接口类型为平衡输入600Ω或高阻；

(4) 支持复用输出功能；

(5) 具备至少2路ASI输入, 支持单节目流SPTS和多节目流MPTS的信号源输入；

(6) 具备至少2路ASI输出；

(7) 具备至少2路IP输出；

(8) 符合EN 50083-9, 支持字节模式、包模式, 支持188、204包长；

(9) 编码格式: MPEG-2 4:2:2 MP@ML；

(10) 分辨率: 720×576 PAL, 720×480 NTSC；

（11）编码输出码率：1~15Mbps 任意可调，系统总输出码率可选，支持固定码率（CBR）；

（12）音频编码：MPEG I，Layer I/Layer II，CD质量，码率32~384Kbps；

（13）输出码率恒定，浮动范围不超过码率设定范围的±0.5%；

（14）编码延迟在1s以下；

（15）高性能的RS纠错编码，PID号可修改；

（16）必须支持PCR时钟调整功能，当输入码流正常的情况下输出的PCR抖动增加值≤±40ns；

（17）支持PAT/PMT/SDT/NIT等表格的信息表生成、编辑、删除、替换；

（18）支持PID的重新映射，支持对PID码流的过滤；

（19）输出码速率连续可调，每路最高输出码率可达108Mbps；

（20）设备前面板必须带有LCD液晶显示和控制按键，可进行参数（如编码速率等）设置、信息查询等操作，前面板具备电源指示灯、运行指示灯、告警指示灯、报错功能；

（21）设备必须支持SNMP协议，网管接口类型为RJ-45，可通过网管对设备实现设置、监控等所有功能和操作，有可见可闻的故障告警，支持远程升级和维护；

（22）双电源冗余备份功能，断电自动重启功能；

（23）输入电压：100 ~ 240V AC（自适应）；

（24）工作温度：0~55℃；

（25）无故障连续正常工作时间大于100 000h。

二、地面数字发射机参数要求

（一）认证要求

1kW地面数字电视广播发射机、地面数字电视广播激励器应具备国家广播电影电视总局"广播电视设备器材入网认定证书"。1kW地面数字电视广播发射机还应具备中华人民共和国工业和信息化部颁发的"无线电发射设备型号核准证"和中华人民共和国国家质量监督检疫总局颁发的"全国工业产品生产许可证"。

（二）技术要求

1kW单频道发射机要求适用于符合中华人民共和国广播电影电视行业标准GY/T 229.4—2008《地面数字电视发射机的技术规范》。

参照标准：GY/T 229.4—2008《地面数字电视广播发射机技术要求和测量方法》，应满足国标或行标对电磁兼容的相关标准。

1kW发射机应该有双激励器配置，并实现双激励器在线冗余保护工作模式。在激励器设备损坏或无输出的情况下，可在1s内自动切换至备激励器工作。同时可支持手动切换主、备激励器，并要求激励器可实现双输入的冗余保护切换。设备断电后自动保存已设置的工作参数，来电后自动恢复工作，发射机具有自适应线性预校正功能。

第四节　1kW 数字电视发射机原理简介

一、概述

常见的1kW数字电视发射机，一般采用全固态放大方式，主要由激励器、激励放大器、功放单元、开关电源、显示单元、控制单元及输出滤波器等部分组成。

激励器一般为双激励配置,激励器含线性及非线性预校正模块,要求符合国家广电总局地面数字电视技术的相关标准。

发射机功放单元由两级放大单元组成。前级放大单元为激励放大器,将激励器的输出功率放大到1W。激励放大器采用主备工作、自动切换方式,以保证发射机工作更加可靠。激励放大器内设有环路AGC控制电路,可确保整机输出功率稳定。末级放大单元将1W功率放大到1kW功率。发射机采用进口大功率器件和优质的阻容元件,使整机的技术指标和可靠性有极大的提高。

发射机输出端配置带通数字滤波器,以滤除频道外的杂波分量,保证发射机发射频谱纯净。发射机具有嵌入式微机监控系统,大屏幕液晶显示及直观的数码管显示。通过RS485通讯接口,可实现远程遥测和遥控。

发射机设计有多种保护功能,具有可靠的过流、过压、过温、驻波比过大等保护系统和防尘、避雷措施。

数字电视发射机符合中华人民共和国广播电影电视行业标准《移动多媒体广播　第1部分:广播信道帧结构、信道编码和调制(GY/T 220.1—2006)》《移动多媒体广播　第2部分:复用(GY/T 220.2—2006)》,并符合《彩色电视广播覆盖网技术规定(GB/T 14433—93)》标准以及其他相关电视发射机国家标准和广播电视行业标准的要求,完全满足移动多媒体广播系统对数字电视发射机的技术规格及参数的要求。

二、主要性能指标

常见1kW数字电视发射机的主要技术性能指标如下：

▲满足GY/T 220.1—2006《移动多媒体广播技术要求》；

▲工作频段：UHF电视频道；

▲带宽：8MHz；

▲频率稳定度：1×10^{-9}（有GPS输入时）；

▲输出功率：1kW；

▲输出功率稳定度：±0.2dB；

▲带肩比（中心频率±4.2MHz）：<–35dB；

▲带内波动：≤0.5dB；

▲MER：优于38dB；

▲带外杂散和谐波抑制：≤–70dB；

▲相位噪声：@1kHz：–85dBc/Hz，

@10kHz：–95dBc/Hz，

@100kHz：–110dBc/Hz；

▲计算机远程控制接口：RS485。

三、工作原理

1kW数字广播发射机主要由激励器、激励放大器、功放单元、显示单元、控制单元、输出滤波器、电源系统以及风冷系统等组成。其原理如下图所示：

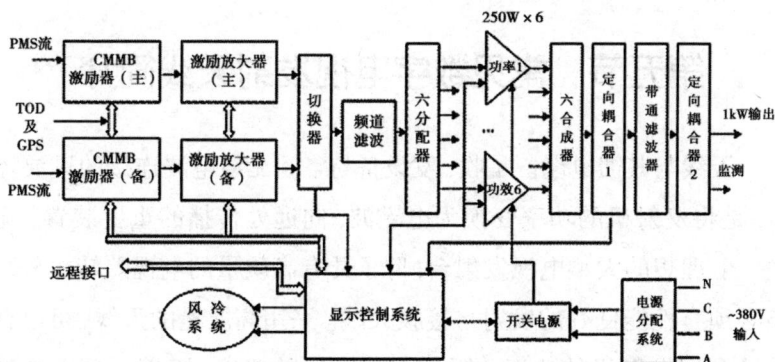

数字电视发射机的一项关键技术指标是射频输出信号的带肩比。带肩比是指发射机输出信道的左右带肩（±4.2MHz）的信号电平与信道中心频率点上的信号电平之间的比值，它体现数字电视发射机的功率放大器线性水平，线性化程度越高带肩比越好，才能保证被传输信号具有尽可能低的调制误码率和高的信杂比。

1kW数字电视发射机的带肩比指标一般要求为-35dB，但是数字电视发射机功率放大器的线性足够好，在预失真校正模块的控制下，1kW数字电视发射机的带肩比可以优于-40dB。激励放大器采用主备工作方式，以保证发射机工作更加可靠。两路激励放大器送来的调制信号在进入功放系统前进行切换，工作中的激励器或激励放大器出现故障，系统将自动或手动切换到另一激励器和激励放大器工作通道上。激励放大器内设有环路AGC控制电路，可确保整机输出功率稳定。末级放大单元将1W功率放大到1kW功率。发射机采用进口大功率器件和优质的阻容元件，整机的技术指标、可靠性将大大提高。

第五节　常见数字电视发射天线简介

天线与其馈电设备是收、发设备与空间无线电波连接的重要环节,是将发射机的功率变换为电磁波,向远处传播的重要装置。建立一个理想的大型电视发射台,除了具有高质量的电视差转机外,还必须有性能良好的发射与接收天线。采用高质量的天线,可以有效地利用发射机的功率并降低对接收机的要求。随着全球电视数字化和移动化步伐的不断加快,产生了许多国际标准,比如:地面数字电视传输系统DVB-T,卫星数字电视传输系统DVB-S。DVB组织还专门针对移动中接收数字电视的传输系统公布了DVB-H标准,该标准不仅克服了以往采用DVB-T标准在移动中接收地面数字电视的局限性和功耗大等缺点,而且成为专门用来向移动设备中传输视音频、多媒体内容的"点对多点"的广播系统,为移动中接收数字电视开辟了一条广阔大道,这样数字电视从根本上改变了模拟电视的传统概念,把消费电子、个人计算机、通讯工具真正地融合在一起。我国近两年数字电视发展迅速,已在大多数大中城市开通了数字电视业务,相信淘汰机顶盒和连接它的电缆的时代已不遥远。

在这场广播、电视数字化和移动化的革命中,研究开发适应高性能移动数字电视的发射与接收天线是提高地面数字电视覆盖率的重要环节。

一、地面数字电视天线应用存在的问题

地面移动数字电视和模拟电视具有不同的特点和传输要求,地面移动数字电视体现了信号接收的移动性和接收位置的不确定性,

要求实现覆盖无盲区少弱区,超大功率的发射将减少,代之以中等功率的中继台站实现区域性覆盖和室内分布补点,完成地面数字电视移动接收的要求。目前数字电视天线设计主要存在以下问题:

(一)数、模电视天线共塔问题

目前,我国的地面数字电视和模拟电视共塔搭载发射天线,且乡镇模拟电视差转台还较多。在同一接收点,模拟电视信号的场强高过数字电视信号几十分贝,但数字电视接收机灵敏度比电视机的高频头高得多,通常情况下,数字电视接收机在场强高于25dBuv时可满意接收,过强的模拟电视信号进入机顶盒低噪声宽带高放级会使高放饱和而影响数字电视解调。因此,要求接收天线对无用信号提供干扰保护。数字电视系统应采用波道型天线,它对带外信号失配和方向图畸变,使天线对带外信号没有增益或有损耗,从而提供干扰保护。特别是体积较大的偶极子天线、蝙蝠翼天线和十字天线占用了发射塔的大部分空间,使数字电视发射天线安装较为困难,要求在天线性能指标变化不大的条件下,尽可能缩小天线体积。

(二)多个发射机共用天线问题

由于地面数字电视发射功率比模拟电视低,几个发射机共用天线可降低建站成本,减小发射塔负荷。发射机共用天线受限的主要原因是天线阻抗带宽和方向图带宽难以满足宽频带要求,展宽天线的阻抗和方向图带宽是天线共用的主要途径。

(三)全向天线波束下倾及零点填充问题

当天线层数(特别是多层)选定后,天线的增益一般较高,数字电视天线必须进行波束下倾和零点填充,否则,因高增益天线主波瓣太窄且最大辐射方向沿水平方向,最大辐射方向的电波将落不了地,会造成能量浪费,且近区的零点区场强过弱,会出现"塔下黑"

现象。以往模拟电视天线通过机械方式实现波束下倾,但机械下倾会使波瓣中心凹陷,产生新的覆盖零点,降低天线的覆盖效率。

(四)天线效率与增益低的问题

众所周知,天线增益系数与天线的形式、工作波长、层数、层间距等因素有关,也与系统损耗,特别是整个系统的阻抗匹配有关。所以天线的设计不能只关心系统总驻波比,而应重视主馈线、功率分配器、分馈线、单元天线之间,特别是分馈线与单元天线之间的阻抗匹配,从功率分配器输出的功率有相当大一部分白白消耗在各分馈电缆上,使天线效率降低。翼型天线以90°相位差馈电,各分馈线上的反射波在功分器输出端相互抵消,以及各端口之间电抗的互补作用对系统驻波影响不大,然而不易觉察的是天线系统效率已大大降低。

(五)天线极化选择问题

我国广播电台发射电磁波采用水平极化的主要原因:一是城市工业、通信干扰电磁波大多为垂直极化,发射电磁波采用水平极化有利于抗干扰。二是在山区和城市大建筑物阻挡造成信号传播的阴影区内,当接收天线离地面高度大于1个波长时,水平极化电磁波的绕射能力比垂直极化波略好一些。两种极化方式的测试表明:天线离地面高度大于1个波长在分米波段时水平极化波比垂直极化波场强高3~4dB,小于1个波长则相反。三是水平极化与地面发射电波相位差角小。四是水平极化天线支持物(铁杆、塔)及垂引馈线的感应场的再辐射对天线特性影响小。五是水平极化波具有良好的远区场强分布,在同样的发射功率下可以覆盖更大的范围。但是水平极化天线的近区场强分布劣于垂直极化,特别是在潮湿、多水、多树林等环境条件下,由于水平极化天线极化偏转的原因,垂直极化天线的近地接收效果优势明显。

二、数字电视天线设计依据和方法

根据《调频广播发射机技术参数和测量方法（GB 4312.1—84）》和《数字电视复用器技术要求和测量方法（G/Y 226—2007）》中的规定，以及地面数字电视系统建设的实际，地面数字电视天线设计应充分考虑以下几个方面：

（一）尽可能缩小天线体积，展宽天线的工作带宽

在保证天线指标的前提下，将天线辐射单元正交放置，可极大地缩小天线体积，体积缩小将方便天线的架设，节约发射塔空间，降低成本。采用宽频带技术展宽天线的工作带宽，为多发射机共用天线奠定了基础。

（二）适当选择天线增益

天线层数（增益）并不是越多越好，必须根据实际覆盖要求，合理选择天线增益，增益越高，垂直面波瓣过窄，旁瓣过多，并产生过多的零点，导致天线近场效果变差。实践表明，大功率电视发射天线一般不宜超过6~8层，小功率电视发射天线不宜超过4~6层。

（三）做好波束下倾和零点填充

采用电下倾技术或可调电下倾技术，这种方法较适用于大中功率电视发射天线。天线系统产生零点的条件是，各天线单元在某一点产生的合成场强大小相等、方向相反。当上、下层天线之间的馈电相位改变时，使合成场强为零处不再为零，从而达到零点填充的目的。有关计算最好借助于计算机来完成，使其既能满足零点填充，又能满足波束下倾的要求。一般要求第一零点填充15%，第二零点填充7%。一般大功率电视发射天线的波束倾斜控制在3以内。

（四）注重天线系统各环节匹配

分馈系统的良好匹配可提高天线的工作效率，所以提高单元天线、功率分配器与馈电电缆间的匹配，选择高质量电缆是提高天线性能的重要环节，可防止功率在分馈系统与电缆上相互抵消而耗损。另外，接收天线良好的匹配特性有助于降低由于时延扩展带来的码间干扰而形成误码。

（五）依据天线安装地址科学选择天线的极化方式和波瓣形状

安装地址周围的地貌和环境情况是选择天线的重要依据。对于UHF频段内的无线传输，雨衰不是传输损耗中最重要的部分，当发射天线采用水平极化时，在春夏暴雨季节，部分离发射塔很近、平常接收效果很好的地点其接收效果显著变坏，而场强较晴天时还略有增加。经验告诉我们，结合地形地貌，设计赋形波束天线时天线的信息覆盖效果最理想。

三、天线优化效果

（一）选用宽频带单元天线做馈源

采用双层微带宽频天线或环天线做馈源，克服了传统电视发射天线通过90°相位差馈电使系统的相位相反，反射波互相抵消来展宽驻波带宽而造成方向图带宽不良的缺陷。

（二）精选电缆并严格测量电缆长度

发射天线尽量选择损耗、驻波小，线径大一点的电缆做分馈线，并对分馈线逐根进行测量，要求驻波比小于1.1。为保证馈电相位，用仪器测量分馈线的电长度，确保每根分馈线电长度的精确性。

（三）仔细调整天线系统各匹配环节

天线系统装配好后，首先对每个单元天线进行匹配调试，使其达到最佳匹配。单元天线的驻波比达到1.1，发射天线系统的输出口的驻波比就小于1.1，经过这样的精心调试，发射天线系统的指标很容易达到甲级。

（四）单元天线采用正交放置或天线系统设计为正六棱柱结构

通过将单元天线正交放置可进一步缩小天线体积，方便了安装，特别适合于在中小功率的数字电视中继时使用。大功率发射天线采用正六棱柱结构，一方面是为了展宽方向图带宽，另一方面是便于波瓣赋形和波束电下倾。

（五）采用不等幅馈电或反射板折边技术

通过不等幅馈电实现波束零点填充，改善天线的远场和近场的覆盖效果。反射板折边提高定向天线的前后比，为同频传输提供理想的传输效果。

第八章　演播厅系统

　　随着电视设施建设的蓬勃发展以及科学技术的进步, 现代新型的演播厅正异军突起。现代新型的演播厅将电视演播与传统演播厅的功能相结合, 形成了一种多功能的现代化演播厅形式, 其机械及灯光控制设备的配置符合当今演播厅的发展方向, 设备与技术处于同行业领先水平, 尽可能选用国际名牌产品或国内优质产品, 选择具备良好服务和技术保障的专业设备供应商。

第一节　演播厅灯光系统总体概述

一、系统总体配置的原则

(一)功能设计原则

　　演播厅是高水准的电视节目制作场所, 作为整个演播厅制作系统中重要环节之一的演播厅灯光系统必须是可靠的、优质的、先进的、灵活的、全面的, 同时整体方案应充分地应用智能化的最新研究成果和理念。

(二)系统的先进性与相关经验相结合

　　演播厅灯光的配置要求: 技术先进、系统科学、稳定可靠、功能强大、使用方便、易于维修。在充分保证技术先进性的前提下, 采用的先进技术是与实际需求相吻合的, 而不是华而不实。

（三）系统完整性与经济性相结合

完整性充分体现在灯光系统功能的实现、灯光设备的配置。演播厅灯光信号分配系统，包括DMX512信号，即考虑到目前仍在广泛使用的DMX512设备的兼容性。

（四）系统实用性与可扩展性相结合

演播厅需要迎接和面对伴随着电子技术、数字技术、网络技术的共同发展而不断推陈出新的灯光技术的进步，尤其是控制系统协议的适用、接口的适配，要做到既满足当前需要，系统实用可行，又预留未来扩展的空间。

（五）安全、可靠性与操作便利相结合

调光设备作为灯光系统的控制中心，本身的稳定和调光控制系统的可靠性将直接影响到整个系统的正常运行和演出效果。因此，配置稳定可靠的调光设备是必须考虑的前提。网络传输系统的稳定、可靠是灯光控制信号传输通畅、安全的必要条件。在安全、可靠的前提下，做到系统操作便利，人机接口界面简单、易懂。

（六）体现的概念

同种类型演播厅设置，演播台调光控制台通过网络系统连接，使不同演播厅的控制台可以互为备份。一个演播厅在灯光设备机房的安置、灯光设备的选型、灯光设备的互用有统一考虑，使系统性和可管理性在同一演播厅得到很好的体现。

（七）设备及附材的标准性

接插件和线材的选择要求安全性、可靠性、标准性和耐用性。

二、技术标准和规范

系统设计集成，符合国家和广电行业高清晰度演播厅相关标

准, 遵循相关技术标准及规范:

中华人民共和国国家标准GB 50258—96《电气装置安装工程施工及验收规范》

中华人民共和国安全行业标准GAT 75—94《安全防范工作程序与要求》

中华人民共和国国家标准GBJ 54—83《低压配电装置及线路设计规范》

中华人民共和国国家标准GB 50052—95《供配电系统设计规范》

中华人民共和国国家标准GB 50054—95《低压配电设计规范》

中华人民共和国国家标准GB 50034—2004《建筑照明设计标准》

中华人民共和国行业标准JGJ 16—2008《民用建筑电气设计规范》

中华人民共和国行业标准GY 5045—2006《电视演播室灯光系统设计规范》

中华人民共和国行业标准GY 5070—2003《电视演播室灯光系统施工及验收规范》

GB/T 13582—1992《电子调光设备通用技术条件》

GB/T 14218—1993《电子调光设备性能参数与测试方法》

中华人民共和国国家标准GB 1573—1995《电子调光设备无线电骚扰特性限值及测量方法》

中华人民共和国行业标准JGJ 57—2000《剧场建筑设计规范》

美国剧场技术学会和美国娱乐行业协会的相关标准

网络控制信息传输协议TCP/IP

三、系统架构设计概述

演播厅能够承担电视资讯、娱乐节目的直播及录播制作任务。

演播厅的灯光系统包括：灯光配电系统、机械吊挂系统、调光控制系统、综合电力布线系统、灯具设备等。

（一）灯光吊挂设备

演播厅以电动水平吊杆作为主要的悬挂装置，吊杆设备可单控，也可多台集中控制运行。在多功能水平吊杆上设置有调光回路、直通回路、DMX512信号回路。多功能水平吊杆可悬挂机械化灯具、柔光灯、天幕灯、LED灯等设备。灯光设备采用专用扁平柔性电缆，方便升降灯杆时收置于收缆筐中或其他满足使用功能的电缆收缩装置中。

控制系统尽量采用常用的先进系统，使操作人员能及时了解系统运行状况，操作方便。控制系统配备严格的防误操作功能；应设置应急操作按钮，遇到系统失控时，能够迅速切断吊挂系统电源。

（二）低压配电设备

演播厅灯光采用两路电源供电，两路电源分别引自相应的高低压变配电室互为备份的两段母线。演播厅灯光专用低压配电盘设置于灯光设备间内，低压配电系统采用单母线分段，设置母联方式，两路进线电源同时运行互为备用，各带一部分负荷；当其中一路电源发生故障时，可以手动投入母联断路器，由另一路电源带全部演播厅灯光负荷。配电箱和插座箱预留在演播厅内墙表面，满足各种用电设备的需要。在演播厅灯栅层上，配置直通电源输出和调光电源输出，用于向吊挂设备、各种插盒提供直通电源和调光电源。

配电柜及保护方式，配电柜内部设有施耐德柜架断路器（MT系列）；面板上有分合闸指示灯、分合闸按钮、电流表、电压表；并配置有浪涌保护器（开关型65kA），能够防止雷击产生的或其他过电压。而配电柜中装置单元回路的电气设备均安装在可抽出式功能单元中，可以灵活地根据所需的各种单元线路方案进行任意组合，一旦发生故障，可以很快将备用的换上继续使用，保证供电的连续性。相同单元具有互换性，相同参数和结构的单元也具备互换性。配电柜所有显示仪表均为智能数字型仪表，而出线单元均安装有运行指示灯及电流表。

（三）调光控制系统

网络系统控制调光是当今的国际趋势，采用国际通用TCP/IP协议为基础，支持USITT DMX512/1990协议；舞台灯光以太网络控制协议采用目前国际上通用的Art-Net或ACN协议，同时可提升至将来国际统一标准的舞台灯光以太网络控制协议的现代化高速度网络系统。

第二节　机械吊挂系统

一、演播厅机械吊挂系统的组成及技术特点

（一）提升机技术特点

提升机是一种演播厅专用的灯光设备提升装置，由电动机、减速机、防松绳式滚筒、行程保护装置、冲顶保护装置、松断绳保护、变载保护装置和电机安全保护制动电路等组成。

（二）电动水平吊杆

电动水平吊杆采用新型杆体，以三吊点（或四吊点）钢丝绳吊挂，设置螺旋调节装置调整吊杆水平位置。吊杆的工作重量极限在吊杆一端用醒目色彩和字体明示，吊杆上部设置电缆收缆筐，使电缆整齐折叠收放筐内。

二、演播厅机械系统技术规范

(一)适用范围

机械及控制工程通用技术规范与要求适用于所有演播室机械设备及其控制系统的设计、制造,以及材料、部件采购、索具、噪声控制、表面涂层和标记等工作。

(二)通用要求一般原则

用于演播厅机械工程系统的所有设备,尽量采用标准化部件及零件,采用制造厂商生产的标准产品。在标准产品的某一项技术性能不能满足单项设备技术规范与要求的情况下,则采用制造厂商改造的或同意的改造标准产品。设备所用的所有材料均是全新的,材料符合有关标准并具有出厂检验及质量合格证。保证不使用低于设计标准的材料。设备零部件的制造工艺均是高质量的,所有制造、机械加工、焊接、组装、布线、试验及其他工作,均由经过培训的、有经验的技术工人或专业人员承担完成。

机械设计时将考虑一般维修工作的简单和快捷,只需进行少量的拆卸工作即可对所有电气和机械部件进行检查和维修。减速器的注油、排油等部件易于接近,检查油位、加油或换油时不需拆卸任何部件。钢丝绳和钢带能进行全长检查,需要进行调整的部件易于接近。

(三)安全设计

人身安全,所有设备和装置均满足相应的安全标准和操作规程,符合安全卫生要求。保证用户在安全工作环境下使用和维修设备。所有机械、电气控制系统均具有故障自动保护功能,以保证机械和电气控制系统对人身是安全的。所有运行设备均设置紧急停车系统。紧急停车系统能使附近操作人员在发生事故或潜在事故时,方便而迅速地停止该区域内设备的所有运动部件的运转。在操作台上适当位置设置紧急停车按钮。在每一台设备附近适当位置设置维修按钮(也用于安装调试),当维修人员使用该按钮进行设备维修工作时,该设备无法从其他操作台(盘)投入运转,以确保维修人员的安全。未经操作人员启动,任何设备均处于静止状态,只有在操作人员启动相应的开关后才能运动。所有现场操作台(盘)均清楚地标明所控制的设备名称。所有电线、电缆均为低烟无卤型,以减少事故的发生或避免发生事故时有害烟雾对人员的伤害。

(四)安全系数

通用机械零件:所有通用机械零件在粗略计算时的安全系数大于或等于6。安全系数定义为所用材料的极限应力与最大工作应力之比。最大工作应力为考虑最大负荷及动负荷(紧急制动、碰撞等)时产生的应力。

钢丝绳和钢带:用于起吊或悬挂重物的钢丝绳或钢带的安全系数等于或大于10。安全系数定义为钢丝绳或钢带的破断拉力与最大工作载荷之比。最大工作载荷包括作用于钢丝绳或钢带上的工作载荷,加减速时产生的动载荷以及因设备运转、钢丝绳或钢带转向等产生的附加载荷。

(五)安全装置与备用系统

各类机械设备,除规定的中间定位开关和行程终止限位开关外,均设置超程限位开关,以避免设备超行程运动产生碰撞,损坏机件或发生事故。所有吊杆卷扬机均设有乱绳保护、超载(过流)保护、超程保护等防止事故装置。操作台上均设置紧急停车按钮,以应付紧急状态。

控制系统的备用: 操作控制系统采用冗余设计, 多级在线备用, 确保系统安全可靠。如果计算机发生故障, 具有在操作台 (盘) 上进行手动操作的功能。

三、演播厅机械吊挂控制系统

(一) 演播厅机械吊挂控制系统设备的配置原则

演播厅机械吊挂控制设备的配置与性能指标均满足直播的要求。控制系统采用网络智能化管理, 同时也可进行人工干预, 并备有完善的安全保护及应急措施, 具有自动、手动和紧急控制三种控制功能。安全上充分考虑各设备之间的安全互锁, 各种检测设备灵敏可靠, 安全防护措施齐全, 确保安全使用, 万无一失。控制系统依据我国相关标准并参照国际安全标准IEC 61508的多项要求进行设计, 对演播厅机械的各种信号反应灵敏、准确。

(二) 演播厅机械吊挂控制系统的组成、功能及工作原理

整个系统由操作终端、控制部分和执行部分组成。主要实现对系统吊挂设备的控制操作。

操作终端主要包括: 电脑控制台、掌上控制器、流动笔记本电脑、应急控制箱。控制部分主要包括: PLC可编程控制器、远程I/O模块、变频器以及切换矩阵。主要完成对吊挂设备的控制选择、变频调速、定位控制、故障检测报警。执行部分主要包括: 电机、编码器及限位、冲顶安全保护装置等。主要完成对吊挂设备的拖动, 对设备运行安全信号反馈, 对设备运行速度、当前位置的反馈。

电脑控制台和可编程控制器之间通过MPI通讯, 可编程控制器和变频器之间通过Profibus DP网进行通讯。掌上控制器、流动笔记本电脑通过无线方式与可编程控制器进行通讯。

第三节 网络控制及管理系统

一、演播厅网络的概述

演播厅灯光网络系统是新一代高速网络与智能数字控制设备的集成,采用以太网和DMX512信号并存设计,既满足当前的使用要求,又能为将来的系统升级、扩展留有充分的余地。

二、演播厅灯光网络传输设计

(一)灯光网络的现状

灯光网络系统也经历了从模拟控制信号、DMX512数字控制信号、DMX512-A数字控制信号发展到以太网络控制信号的年代,但是舞台灯光行业中目前存在着网络信号传输协议标准争议的问题。现阶段DMX512设备大量存在,以太网络和DMX512两套系统并存,以太网络通过交换机分配到舞台的任何一个接点,DMX512也通过DMX512分配器分配到舞台的任何一个接点,两套不同的控制方式、两条不同线路并存于一个舞台控制系统中,既可以以太网直接控制,又解决了DMX512控制的问题。随着以后的发展,还可以使整个系统不断升级。这种设计方式不仅符合当前潮流,还能够使今后的系统升级和更换比较方便。

(二)灯光网络系统的布线方式

根据建筑的整体结构,分布灯光系统控制所需的信号线。一是以太网布线:根据网络结构、传输距离和所选择的网络交换设备(HUB OR SWITCH),合理选择传输介质(光纤、超六类线),将信号布置到每个信息点,并组成一个便于管理的整体网络系统。二是DMX布线:采用一定的方式将DMX信号分布于每个信息点。

第四节 配电及配电柜

一、使用方式及环境

(1)设备运行条件:户内;

(2)环境温度:不高于+40℃,不低于–5℃,24h内平均温度不得高于+35℃;

(3)相对湿度:在最高温度时不超过50%,在较低温度时允许有较大的相对湿度(≤93%),(40±2)℃时无凝露;

(4)海拔高度:不大于2 000m;

(5)抗震烈度:七度;

(6)设备安装时与垂直面的倾斜度不大于5%。

二、技术要求

(一)适用技术标准

国际电工委员会标准IEC—439《低压成套开关设备和控制设备》

国家标准GB 7251.1—1997《低压成套开关设备》

国家标准GB/T 9661—1999《低压抽出式成套开关设备》

国家专业标准ZBK 36001—89《低压抽出式成套开关设备》

国际电工委员会标准IEC144–63《低压开关和控制设备外壳的防护等级》

国家标准GB 4942—85《低压电器外壳防护等级》

（二）开关柜技术参数

额定绝缘电压：660V（1 000V）

额定工作电压：主电路 AC 380V（660V）

　　　　　　　辅助电路 AC 380V、AC 220V、AC 24V

　　　　　　　DC 220V、DC 110V

额定工作频率：50Hz（60Hz）

相数：三相五线制（A，B，C，PE，N）

额定电流：水平母线 ≤4 000A

　　　　　垂直母线 1 000A

额定短时耐受电流：水平母线 80kA/s

　　　　　　　　　垂直母线 50kA/s

　　　　　　　　　保护导体 48kA/s

　　　　　　　　　中性母线 48kA/s

额定峰值耐受电流：水平母线 176kA/0.1s

　　　　　　　　　垂直母线 105kA/0.1s

工频耐压：2.5kV

冲击耐压：8kV

（三）开关柜的配置

进线柜内部装设有施耐德框架断路器（MT系列）；面板上有分合闸指示灯、分合闸按钮、电流表、电压表；并配置有浪涌保护器（开关型65kA），能够防止雷击产生的或其他过电压。所有设备均配置有设备铭牌，其上内容包括型号、容量、特性、额定电压、额定电流、配电柜编号、出厂编号等。设备具有完善的防止意外和损坏的措施。基本构架为组合拼装形式。主构架用冷弯型钢，柜内零部件尺寸、隔室尺寸、安装部件等均实行模数化装配。

开关柜进出线方式为：照明电源、动力电源及油机电源进线均采用电缆下进线，馈电柜采用电缆下出线。装置的门和抽屉之间具有机械联锁装置，在通电时门不能打开，抽屉不能抽出，确保供电的安全性。所装配的抽屉单元在抽拉时均能做到灵活、轻便、无卡阻碰撞现象。机构的动、静触头的中心线均保持一致，触头接触紧密。主、辅触头通断可靠、准确，插入深度符合规定要求。机械与电气联锁动作准确，闭锁或解除可靠。

第五节　调光控制系统

一、调光控制台

演播厅设置主备调光控制台，主备台型号规格配置可完全相同，控制台具有DMX512接口、以太网接口，支持ART-NET或ACN灯光网络控制协议（或可以方便升级到未来统一的灯光网络协议），同时具备可扩展控制更多通道的能力。

二、直通立柜及专用配电箱

由于演播厅灯具配置采用以LED灯具为主，要求演播厅不再配置传统的调光立柜，而以智能配电分配柜来代替。演播厅配置可信号控制的直通回路192路。

（1）智能配电分配柜应具备智能网络化，具有高可靠性。控制模块运行可本地化操纵。数字化解码控制器。

（2）控制系统状态全面监测功能。

（3）每个控制模块使用高性能电磁空气开关作为控制模块输出

短路或过载保护，必须保护控制模块完好。要求电磁空气开关的电气参数一致性强。

（4）单个柜体可显示文本信息监视每个控制器的各种状态。

（5）工作温度：5~40℃。相对湿度：20%~90%。

（6）智能配电分配柜适用于三相五线的供电，使用相电压为200~240V AC（±10%）的电源供电，电源频率50Hz。柜内设置有A相、B相、C相、N、PE大容量的接线端口。

（7）具有DMX512输入接口，具有网络控制信号接口。

（8）立柜为下进线、下出线。

三、网络设备

通过网络设备使主备控制台连接，使主备控制台做到完全跟踪和热备份，并通过网络使同一群内演播厅控制台相连接。同时，还需考虑以下几方面因素：网络设备有冗余，网线采用6类线、带屏蔽功能，信号传输可靠、无串扰现象，系统应具有较强的电磁兼容和抗干扰能力。

第六节　综合电力布线和灯具设备

一、综合布线要求

演播厅电力布线施工严格按照国家电气装置安装工程施工标准进行，各走专有电缆桥架或托盘，利于人身的安全。

灯光系统采用固定敷设的调光回路、直通回路输出的电缆为灯光专用铜芯软电缆。灯光系统所有电缆均为阻燃低烟无卤型，并符合GB 50217—94《电力工程电缆设计规格》的有关规定。所有灯光回路电缆的工艺断点转接处均使用接线端子（16A），并制作有回路标识。

二、灯具设备

（一）LED 聚光灯

LED聚光灯应用于影视照明领域，是传统灯具的替代产品。它技术新、性能优、实用节能，可广泛应用于中、小电视演播室的灯光照明，其应用前景十分广阔。

（二）LEDPAR 灯

LEDPAR灯采用LED光源，寿命可达50 000h，绿色节能。采用具有高显色指数的LED，可满足影视照明的专业要求。光源的光效高，比一般三基色荧光灯节能40%~50%。光源为冷光源，可为播音员营造舒适的工作环境，降低演播室空调制冷的要求。灯具光输出均匀、柔和，不刺眼，无眩光。双支架提手，可自支撑。

第七节　小型演播室技术设计

一、声学设计

演播室、配音室主要承担电视播音、综艺节目各类演出和录制等任务。在整体设计中，既要考虑演播室等专业用房的功能要求，也要考虑工作环境的舒适性、安全性及装饰效果，从而确保节目制作人员能够在安全、舒适、宜人的工作环境中制作出最佳的节目。设计应综合考虑当今广播电视技术发展，制作场地的整体结构。设计三大要素：专业技术性、安全性及装饰效果。

工程按现行国家颁发的质量验收标准，设计达到"优良"的质量标准。相关标准如下：

▲多功能演播室、中型演播室、配音室隔声门、窗标准采用国家广电部部颁标准GYJ 26—86《混响时间及频率特性》；

▲多功能演播室、中型演播室、配音室噪声控制标准采用国家广电部部颁标准GYJ 42—89《广播电视中心技术用房容许噪声标准》；

▲多功能演播室、中型演播室、配音室混响时间标准采用国家广电部部颁推荐标准GYJ 27—86《室堂混响时间及频率特性》；

▲多功能演播室、中型演播室、配音室防火标准采用国家广电部部颁标准GYJ 33—88《广播电视工程建筑设计防火标准》；

▲多功能演播室、中型演播室、配音室照明标准采用国家广电部部颁标准GYJ 43—90《广播电视中心技术用房环境要求（温度、湿度、照度）》；

▲多功能演播室、中型演播室、配音室电气安装标准采用GBJ 232—82《电气装置安装工程施工及验收标准规范》；

▲多功能演播室、中型演播室、配音室管线布线标准采用GB 50312—2000《建筑与建筑群综合布线工程施工及规范》；

▲JDJ 88—99《建筑施工安全检查评分标准》；

▲JGJ 80—91《建筑施工高处作业安全技术规范》；

▲JGJ 46—88《施工现场临时用电安全技术规范》；

▲《声学手册》；

▲GB 50034—2004《建筑照明设计标准》；

▲GB 50303—2002《建筑电气工程施工质量验收规范》；

▲GBJ 232—82《电气装置安装工程施工及验收标准规范》；

▲GBJ 16—87《建筑设计防火规范(修订版)》;

▲GB 9068《采暖通风与空气调节设备噪声声功率级的测定——工程法》;

▲GYJ 25—86《室堂扩声系统的声学特性指标》;

▲BG/4959—95《室堂扩声特性的测量方法》;

▲原建筑设计图。

(一)技术指标

多功能演播室:混响时间的设计指标为(0.45 ± 0.1)s(中频),低频允许有一定的提升,高频允许有少量下降。背景噪声:NR20≤25dB(设备关),NR25≤30dB(设备开)。

中型演播室:混响时间的设计指标为(0.45 ± 0.1)s(中频),低频允许有一定的提升,高频允许有少量下降。背景噪声:NR20≤25dB(设备关),NR25≤30dB(设备开)。

配音室:混响时间的设计指标为(0.3 ± 0.1)s(中频),低频允许有一定的提升,高频允许有少量下降。背景噪声:NR20≤25dB(设备关),NR25≤30dB(设备开)。

(二)方案设计

演播室等广播电视节目的音质设计的任务是使这些房间在满足特定功能要求的同时,具有适应节目拾音要求的良好条件。

设计的基本内容有:多功能演播室、中型演播室、配音室,其中包含新闻栏目、访谈栏目、蓝底抠像等多个背景演播室,并设计多间附属房间,如控制室、导播室、节目制作包装工作室、审片室兼接待室、化妆间、资料室、设备室、服务器机房、编辑室等。

设计应体现美观大方,科学合理,物尽其用,整个室内充满庄重但有活力,宽敞明亮,使人眼前一新的色调;变化的造型,烘托出现代气息；利用形与色的影响力给予室内的环境最大优化。演播室的使用功能对声学质量的特殊要求，对室内装饰有制约性影响，同时也成为装饰设计特色的一个决定性因素，各界面造型、颜色是声学设计或限制的一部分，声学要求在很大的程度上决定了装修材料的选用和装修施工工艺。从整体视觉效果上来看，天花、地面处理简约，而墙面则变化丰富，使整个室内空间庄重而又不失生动、现代，富有时代感和使命感。设计时既考虑制作节目对现有空间的形体要求，同时也考虑工作环境的舒适性、安全性及装饰效果，确保环境安全、舒适、宜人。确定满足功能要求的室内容积、形状和尺寸；在主要使用条件下，具有相应于拾音要求的混响时间频率特性；抑制影响拾音音质的声缺陷，如回声、颤动回声、低频嗡声等。声学设计规范要求演播室的音质主要是"语言清晰、可懂度高"，其次是"良好的丰满度"。

演播室的声学装修设计将主要从以下几个方面考虑：按照国家广电部部颁推荐标准（GYJ 26—86）的建声技术参数进行隔声和混响设计，使其满足专业声学要求；突出饰面的装饰性效果，使演播室整体环境美观、宜人；室内照明灯光系统做到舒适。

专业设计说明：根据高、中、低音频的传导性和反射性特点，设计了三种类型的吸声构造，对各频段音频进行专业吸声处理，使技术用房的混响时间达到专业要求。吸声墙采用对称性设计，使声音在反射性传导中得到吸声处理；吸声顶采用强吸声设计，以大大降低声音向下的反射率，从而达到缩短混响时间，提高声场均匀度的目的。对观察窗采用了双层非并行隔声设计，门采用了多质材料复合型隔声设计，使隔声门、窗均达到部颁隔声标准。声学装修的防火设计均为阻燃性设计（所有的木枋、布艺、塑胶地板、复合地板、夹板等易燃物品均严格按规范进行阻燃和防蚁处理）。

（三）吸声结构

演播室墙面吸声处理：墙面按照混响时间的要求，合理布置吸声结构。1/2的墙面做龙骨框架，内填50mm厚袋装超细玻璃棉包，后留5mm空腔，面饰槽木板吸声板和穿孔铝塑板，此结构主要为中、高频段的吸声结构。1/2的墙面做龙骨框架，面封5mm厚夹板，后留100mm空腔，面饰槽木板吸声板和穿孔铝塑板，此结构主要为中、低频段的吸声结构。演播室的做法基本相同。设备层以上墙面采用涂刷黑色乳胶漆的设计方式。根据声学计算在墙面相关部位安装声学扩散，扩散体满足声场均匀度。

天花吸声处理：演播室的天花以铝塑板与铝格栅饰面吊顶，上面满铺袋装超细玻璃棉，以起到强吸声的效果。

地面：演播室地面铺设塑胶地板，可有效降低室内工作人员的脚步和机械推移所产生的噪声，并具有效的吸声作用。

演播室的噪声与振动控制措施：演播室的噪声来自多方面，既有演播室外部的噪声，又有演播室内部的噪声，可分为两类，一类来自演播室建筑之外，例如过往车辆、飞机所产生的交通噪声；另一类来自建筑物之内，但又在演播室之外的噪声，例如大声交谈声、上下班时的喧哗声。演播室的内部噪声主要来自空调系统、灯光控制系统，以及演播室使用时，摄像机的移动噪声和工作人员的走动噪声等。噪声传入演播室主要通过三种途径，一是声波的透射性，噪声作用于墙壁、地板、天花板而产生振动，把声能辐射进演播室；二是通过施工时留下的缝隙传入演播室；三是通过固体传声而进入演播室。

（四）隔声处理

演播室对外窗应按广电总局相关技术的要求，用多阻尼轻质隔声墙密封处理，并应保证原外墙的立面效果和防渗防漏处理完好。隔声构件包括隔声门、隔声观察窗等。

（五）混响时间的控制措施

演播室里声源停止发声后，声音会继续经各界面多次反射或散射而逐渐衰减，在室内保留有余声，这一过程叫混响，用混响时间T60衡量。其定义是室内声场达到稳态时，声源停止发声，其声压级衰减60dB所需要的时间。

混响时间是演播室音质好坏的重要因素，混响时间过短，演播室内声音发干，过长声音拖尾。混响时间控制包括两方面，一是适当选择演播室长、宽、高的比例，使室内声音的任一频率信号都不会过分加强或减弱；二是合理设计室内吸声装修，使混响时间接近设计值。

演播室很难控制最佳声学比例的尺寸，给设计带来不少困难，但是必须保证演播室的长、宽、高尺寸不互相接近或成整数倍，以防止室内声音在某一频率信号得到过分加强或减弱，形成驻波。

二、灯光设计

电视台演播室属专业类演播室，主要承担现场直播、新闻电视制作、直播等电视节目的制作。由于不同节目的制作对灯光的特殊要求，需配置质量可靠、安全的灯具及吊杆产品。新技术、新工艺、新产品的使用与节目的制作将融为一体。

（一）LED 灯具

LED演播室灯具的出现可以说是顺应国际节能减排的大趋势，

它适应了新形势的需要,也克服了传统演播室灯具高耗能、高热量、寿命短等缺陷,使演播室灯光系统也进入了节能环保时代。LED灯具组成的灯光系统具有以下优点:

LED灯具功率低,效率高,不需要很大功率的供电,在供电和电缆上可以节约很多资金。以新闻演播室为例,采用LED灯具装灯功率约2kW,而卤钨灯具装灯功率约为20kW,节能效果明显。

LED灯具大大降低了电能的消耗和热量的散发,也大大降低了空调设备的运转费用,节能效果明显。

LED灯具无须调光设备,这使得灯光系统更加简单,也更加可靠、安全。同时,LED灯具调光时不会产生谐波,对音视频设备没有任何影响,再也无须为灯光系统采用单独的变压器供电,更加节省了投资。

由于LED灯具功率低(新闻演播室的装灯功率为2kW左右),将大大节省在UPS电源上的投资。

LED灯具内置DMX512信号解码和PWM调光恒流电源,亮度调节范围0~100%。无须传统的可控硅调光设备,节省了在调光柜上的投资。

(二)灯光系统设计依据

▲《广播电视工程建筑设计防火标准》(GYJ 33—88)

▲《建筑设计防火规范(修订版)》(GBJ 16—87)

▲《电视演播室灯光系统设计规范》(GY 5045—2006)

▲《电视演播室灯光系统施工及验收规范》(GY 5045—2006)

▲《广播电视中心技术用房室内环境要求》(GYJ 43—90)

▲《广播传音电缆线路工程建设技术规范》(GY 5053—94)

▲《建筑与建筑群综合布线工程施工及规范》(GY 50312—

2000）

（三）电视演播室灯光系统设计主要技术指标

▲演播室演区综合光的垂下照度不小于2 000lx；

▲演区光的色温为（3 050±150）K；

▲演区光的显色反指数应不小于95，为连续光谱；

▲装灯容量：演播厅按大中型演播室标准，0.7~1.1kW/m^2；

▲演播室灯光对供电要求：交流三相五线380V/220V 50Hz，至灯具电压交流单相；

▲灯具采用三相插座（相线、零线、地线），并使灯体可靠接地。

第九章　案例简介

第一节　数字模拟技术结合使用的广播播总控系统

下面介绍一个由广播数字音频编播网络和模拟音频编播设备组成的主备播广播播总控系统。

一、总体思路

该播总控系统设计思想主要考虑以下几个方面：一是系统具备自动、准确、无误的安全保证，二是使用设备具备安全、稳定、可靠保证，三是操作控制具备多样、灵活、简便的特点。广播电视台节目源包括直播间、自动播出站和各录制间的信号，还有多个卫星信号和各种来至现场的信号。设计方案在考虑这些信号源的同时，分析了新建的数字音频编播网络的播出模式、原有模拟播控设备的运行情况、操作人员使用习惯以及今后的发展等因素，制定了一套全数字系统和原有模拟系统共同组成的广播制作播出系统。也就是保留现有的模拟播控系统，把它作为新的数字音频编播网络系统的备份系统，老系统和新的全数字系统进行无缝连接。操作人员一次编单新老系统同时调用不需要重复工作，新老系统分别调用，主备服务器的资料，以提高其安全性，同时新老系统自动协调工作、自动备份，还可通过监测设备和慢录系统完成对整个播出系统和单个设备的直观监测。（如下图所示）

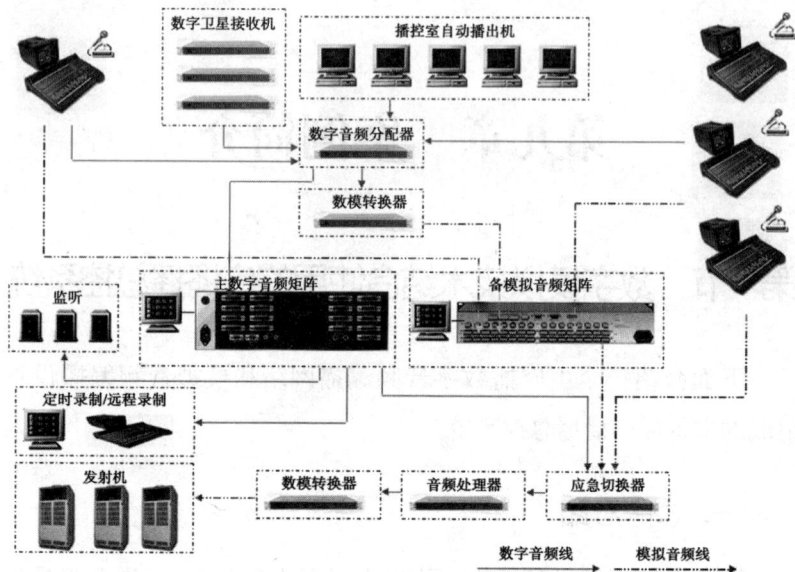

数字卫星接收机　播控室自动播出机

数字音频分配器

数模转换器

主数字音频矩阵　　备模拟音频矩阵

监听

定时录制/远程录制

发射机　数模转换器　音频处理器　应急切换器

数字音频线　模拟音频线

二、系统构成

(一)网络系统

广播播总控专业网络系统的基本要求包括快速稳定,海量储存节目安全,音质优良,界面友好,操作简便。

为了使网络快速运行,减少网络瓶颈问题,千兆局域网络选用了一个华为LS-S5624F光纤交换机作为主干交换机和十二个华为S5024P千兆交换机为支路交换机组成的千兆局域网络。这个局域网络可以很好地完成其数字音频工作站的传输任务。由于主干为光纤(交换机和交换机之间的连接为光纤),很好地解决了网络瓶颈问题。(如下图所示)

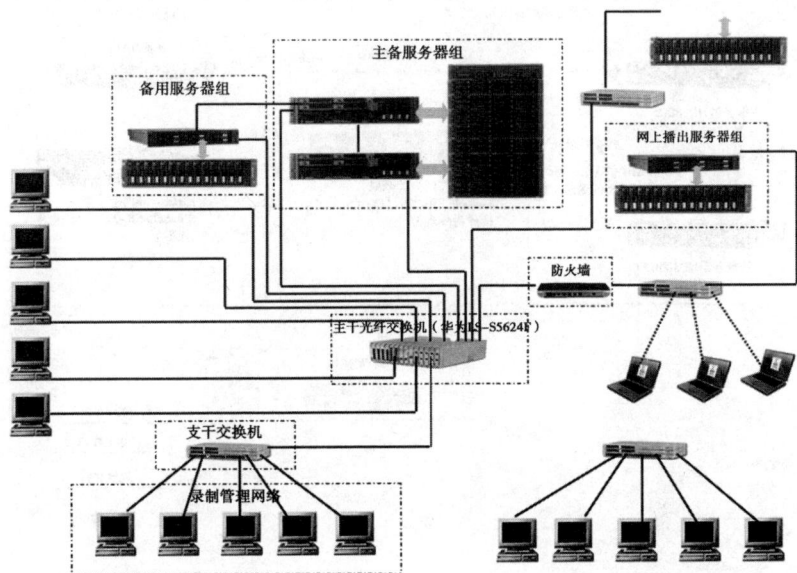

服务器和贮存部分是由三个服务器和两个磁盘阵列柜组成的两个完全独立的服务器贮存单元。主服务器贮存单元由两个DL380服务器和一个Simbolo SB-29911FF全光纤磁盘阵列柜，12个300GB光纤硬盘组成。这样就解决了电台对大容量储存的要求。备服务器贮存单元由一个HP的DL380服务器和一个Simbolo SB-2123SA串口磁盘阵列柜带12个300GB串口硬盘组成。由于主服务器贮存单元由全光纤组成，这样就使得服务器贮存单元处于一个很高的档次上。（如下图所示）

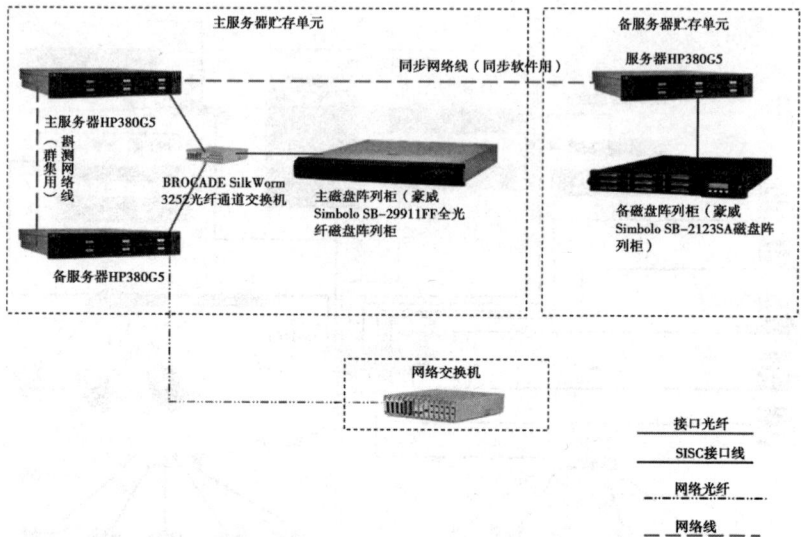

主服务器贮存单元

同步网络线（同步软件用）

备服务器贮存单元
服务器HP380G5

主服务器HP380G5
群集网络线（群测网络线）

BROCADE SilkWorm
3252光纤通道交换机

主磁盘阵列柜（豪威
Simbolo SB-29911FF全光
纤磁盘阵列柜）

备磁盘阵列柜（豪威
Simbolo SB-2123SA磁盘阵
列柜）

备服务器HP380G5

网络交换机

接口光纤

SISC接口线

网络光纤

网络线

（二）信号分配

该系统设计时充分考虑到多路、多种信号在播出过程能达到及时、准确、自动切换。全数字系统和原有模拟系统共同组成的广播制作播出系统中包括各种格式的数字信号，还有平衡模拟信号和非平衡模拟信号，其中非平衡模拟信号又有各种阻抗不同的非平衡信号。这些多种格式的信号进入到主备控制系统前都要经过格式转换，变成标准信号后再进入到主控系统。主系统采用全数字传输方式，传输格式采用AES/EBU（音频工程师协会/欧洲广播联盟）专业数字音频格式。备用系统采用模拟音频方式传输，传输格式采用600Ω平衡模拟信号。这些信号经过各种格式转换以后进入到主备两个进口音频矩阵的输入端，经过自动控制的软件，按节目单的设定就可以及时、准确地给每一套节目的输出端上提供相应的信号，实现自动播出。不仅实现了全自动播出，也可以做到无人值守，同时人工在有授权的情况下可以随时插播调用节目播出（应对各种特殊重大的播出）。当出现停播、劣播故障时系统自动报警，采取切换播出，故障解决后系统能自动恢复播出状态。

（三）设备选型

设备配置和选型上充分考虑了设备的安全性、稳定性和可靠性。系统中尽可能选用高标准、高可靠性广播级设备，从而保证声音的质量，杜绝因系统中的设备质量问题而产生停播事故。

整个音频通路上使用了一套数字矩阵和一套模拟矩阵，总控主矩阵处于整个系统的中心地位，采用美国Yosemite的3232E数字音频矩阵。Yosemite 3232E有异步、同步选择，自动损失补偿和每路输出的时钟重建，可以提供32路低闪烁数字输出。它支持AES/EBU，采样频率最大96kHz。所有输入和输出都是变压耦合–支持110欧姆双绞线线缆，采用可拆卸接线端接头。通过串行RS–232和RS–485端口，以及一些外部连接接备用矩阵，接备用矩阵采用VS1616A音频矩阵。备播机调用备用服务器上的数据库和音频资料同主播机同步进行播出，如果主播机出现问题备播机自动控制音频矩阵切换到备播机上来，当主播机恢复后矩阵又自动切换到这套节目的主播机上来。

采用多备自动切换方式，将多路信号来源提供给主输出端自动切换选用，这可以保证在中心环节出现故障时大大降低停播故障，可以使设备在有电无电的情况下其中一路输入和输出始终保持接通状态，还可以采用机械跳线来进行手动跳线方式切换播出作为应急播出，确保播出的安全性。

（四）系统控制

该系统的控制方式首先表现在矩阵的切换方式上的多样性，其次表现在切换方式的科学性。此矩阵控制软件的切换方式有按节目单自动切换、定时自动切换、自动备份切换、远程控制切换和界面手动切换方式，基本操作灵活且简便。

（五）音频处理功能

具有MP2、MP3、ADPCM、CD等多种数字格式，解决了很多音频工作站系统只识别单一格式，需要进行格式转换才能进入系统的麻烦，从而使得各种格式的音频资料在进入数字音频工作站系统后被自动识别，具备快速数字化导入功能。这样既大大提高了录制速度，又免去了录制过程中A/D和D/A转换过程中对音频信号造成的劣化，使录制的内容与素材保持一致，这也大大提高了系统的可操作性。

三、监测系统

系统中播出系统设备和单个设备可以直观监测，主要包括采用32路幅度监测仪把播出信号、接收信号、直播信号显示在显示器上。采用慢录系统把每套节目全天的内容录制下来，便于以后审听。采用多点监测系统把整个系统的实际接线图显示在显示器上，并把选择监测的点的情况显示在接线图上。这样就让值机人员能把每一点的情况直观地显示出来，如果某一点出了问题就立即显示在接线图上，值机人员就可以直接去检查这一点。如果不能马上解决，接线图上还能显示应急的跳线方案。可以在网络内任意计算机上显示系统的播出情况，并通过远程控制矩阵来监听每一设备的播出情况。还配备了电话通知模块，出了故障系统将自动向有关人员发短信通知故障情况，确保安全播出。

第二节 锡林郭勒盟广播电视台
全媒体平台建设分析

为了适应新媒体快速发展的需要,锡林郭勒盟广播电视台对当前网络直播、微博、微信及客户端等新兴传播媒体的发展进行了深入的了解和研究,紧跟发展趋势,按照上级相关文件的部署和要求,加快锡林郭勒盟广播电视台网络电视台的建设,增强在传统媒体和新媒体的融合发展,打造一个融合传统音视频业务和互联网应用的全媒体应用平台。新媒体平台将通过升级改造"锡林郭勒广播电视网"网站系统,对接传统广播、电视播出平台,将广播和电视内容通过互联网络进行实时直播和点播,通过集成区域内的视听节目与网络业务,做大网络内容产业,打造可支持"三网融合"业务和"微信"等主流传播应用软件的接口融合后台,实现双向互动的具有新兴媒体功能的互联网络传播体系,实现互联网、广电网、IPTV等多途径传播和电脑、手机、电视等多终端发布的新型宣传平台,

锡林郭勒盟广播电视台新媒体建设工作主导思路是安全可靠、技术先进、易于管理、拓展性强,夯实广播电视台面向新媒体业务的基础架构,满足广播电视台构建多媒体网站、移动多终端应用等业务需求,能够实现开放式资源接入,构建完整的全媒体资源管理平台。在技术层面应该具有以下几个方面的功能:

(1)构建一个全媒体资源管理平台,依托广播电视台资源以及其他网络资源逐步形成本地化的内容资源平台,能够满足对音视频、图文及其他媒体的资源处理、汇聚与管理,实现文字、图片、音频、视频信息的采集和编辑,并能够面向如PC、手机及pad等多屏、多终端

发布,让互联网用户能够得到多形式、多终端的服务体验。

(2)构建完成基于音视频处理的一整套业务流程,能够实现对广播电视台各广播频率节目及网络电台音频节目的音视频内容收录、拆条、编辑、转码、发布等一整套业务操作。

(3)能够构建网络点播、直播业务,一方面实现对广播电视台各广播频率节目及网络电台音频节目的在线直播,另一方面能够满足活动等网络点播、直播业务,能够实现对直播业务的播控管理、时移管理等管理功能。

(4)能够基于网络平台构建网络直播业务,实现虚拟直播等功能,满足对直播点播内容的监听监看等安全应用。

(5)能够构建面向多终端业务的内容管理发布平台,实现集合音视频内容、图文内容、图片集内容、网络内容(UGC)、用户交互内容等多渠道内容的再组织发布,能够实现多终端统一内容发布与管理,实现多终端内容的自适配。

(6)构建网络平台的用户中心及用户应用,逐步实现用户的积累,能够基于用户平台进一步构建评论、内容分享、打分、收藏、投票、调查等用户应用,能够对用户进行相关的管理与行为分析统计。

第三节 锡林郭勒盟地面数字电视单频网方案设计

一、概述

地面数字电视是广播电视传输覆盖网的重要组成部分,是各级政府提供广播电视公共服务的主要手段,是广大人民群众获取新闻信息、享受精神文化生活的重要渠道。目前,我国已发布地面数字电视国家标准,各项配套标准逐步完善,数字电视产业不断壮大,全国地面数字电视覆盖网进一步拓展,大力发展地面数字电视的条件已经具备,加快推进地面数字电视发展,加紧建设各级电视节目的地面数字电视广播覆盖网络,促进广播电视大发展大繁荣已成为当前一项重要而紧迫的任务。同时,随着国家"户户通"工程的推进,双模卫星接收设备在广大农村牧区得到大量使用,各级政府为扩大地方自办节目的覆盖,也推动了地面数字电视的建设进度。针对目前地面数字电视信号在农村牧区的信号覆盖情况,提出一种符合锡林郭勒盟实际的地面数字电视单频网广播电视覆盖方案来解决地方节目覆盖问题。

二、建设意义

锡林郭勒盟总面积20多万平方公里,地域广阔,地形地貌复杂,农村牧区总人口35万人,约12万户。由于锡林郭勒盟牧区群众居住分散,盟办电视节目信号只传输到旗县市区政府所在地,一直以来盟办和旗县自办电视节目的覆盖问题得不到妥善解决。锡林郭勒盟属边疆少数民族地区,经济社会发展相对落后,现代信息发布和接收不甚发达。特别是广大牧区人民群众,十分渴望了解来自本地区的各种政策、生活、服务、娱乐等信息。据统计,目前锡林郭勒盟农村牧区还有10万户看不到盟办和旗县自办电视节目。因此,在锡林郭勒盟推进地面数字电视建设,扩大盟办和旗县自办广播电视节目覆盖有着重要意义。

三、建设要求

锡林郭勒盟地面数字广播电视覆盖拟采用国家标准GB 20600—2006《数字电视地面广播传输系统帧结构、信道编码和调制》，在不同的工作模式组合时，可以有不同的最高允许码率。支持固定和移动接收，并以UHF频段无线传输方式实现稳定、高质量电视节目覆盖。地面数字广播电视覆盖前端系统将来自不同信源所运营的各种业务、各种信号重新组合，构成新的本系统信源节目传输包，通过地面数字广播电视多频覆盖网无线数字传输系统，实现固定接收。

锡林郭勒盟地面数字电视单频网广播覆盖以发射功率为1 000W为主，采用MUDS方式播出1个频道的电视节目，以满足6套电视节目覆盖的需求，具体建设要求如下：

系统设计必须采用国标GB 20600—2006标准；

前端可以开放升级，不浪费资源和重复投资；

编码方式：MPEG-2；

组网方式：多频网模式；

传输链路：光纤；

调制方式：DTMB；

工作模式：C=1, 16QAM, 0.8, PN595, 系统净码率为20.791 3bps, 采用MPEG-2标准，固定接收；

发射频道：UHF, 1个电视频道。

前端送来的自办节目A/V信号送入编码器，卫星信号通过卫星接收机的ASI信号送入复用器，光缆传输的ASI码流送入复用器，编码后的ASI信号经复用器进行信号复用，每套节目的平均码流为

3.0Mbps左右，每频道传送6套电视节目，包括盟办2套，旗县1套，内蒙古蒙语2套及中央七套。前端系统可以平滑升级到传输10个频点、60套以上的标清电视节目，只需要简单地增加相应的设备等。

四、建设规划

根据各地多年来组建数字电视单频网、多频网的经验，对于地域广阔、地形地貌复杂的地区实现地面数字电视单频道、多套广播电视节目的无线覆盖，宜采用中小功率多布点的系统方案。

锡林郭勒盟辖13个旗县市区，其中锡林浩特市、二连浩特市、苏尼特右旗、太仆寺旗、镶黄旗、多伦县均在旗县市政府所在地建有海拔高度较高的无线发射台站，且这些地区地域相对较小，使用一台1 000W的发射机就可以覆盖大部分区域。西乌珠穆沁旗、苏尼特左旗、乌拉盖管理区、阿巴嘎旗及正蓝旗不仅在旗区政府所在地建有海拔高度较高的无线发射台站，还有可实现信号中继的隶属于广电部门的野外高山站，所以在旗区政府所在地使用1 000W发射机，在其他高山站使用直放站就可以实现大面积覆盖。较为特殊的是东乌珠穆沁旗，地域较广，地形复杂，且只有旗政府所在地有高山站，不仅需要解决信号传输问题，还需要解决信号发射问题，可以考虑在旗政府所在地使用1 000W发射机，在其他地区租用移动公司的光纤和铁塔实现地面数字电视信号的传输和发射。

综上所述，在锡林郭勒盟使用23部1 000W、8部500W、7部100W的地面数字电视发射机就可以覆盖锡林郭勒盟90%以上的区域，使盟办和旗县自办电视节目的覆盖率提高到95%以上。

五、数字电视地面无线广播有效覆盖范围相关因素

数字广播电视网以无线广播方式运行，覆盖面积大，电波传播环境复杂。为了确保终端用户得到稳定的高质量电视节目，除选用高质量收发传输设备外，还要进行传输可靠性的系统设计，来达到规定的有效覆盖范围。

换句话说，数字广播电视网有效覆盖范围面积取决于设备性能和传输路径两大部分。主要因素如下：

发射设备的调制误差率（MER）和发射功率大小；

发射天线全向辐射场型、发射天馈系统（含多功器）增益和发射天线高度；

发射调制设备工作模式的选择（对应不同C/N门限值）；

接收天馈线增益和接收天线高度；

接收机灵敏度，接收低噪声放大器过载能力；

覆盖区地形、地貌、地物、电波传播环境的影响；

由于数字电视信号的传播特点受地形、建筑物密度、街道走向和环境变化的影响，覆盖区域内会存在局部覆盖阴影区。